Modelle der Plankoordinierung

Forschungsberichte

Herausgegeben vom Zentralinstitut
für Wirtschaftswissenschaften
der Akademie der Wissenschaften der DDR
Direktor Prof. Dr. habil. Wolfgang Heinrichs

Nr. 34

WALTER TELLE

Modelle der Plankoordinierung verschiedener Ebenen und Einheiten der sozialistischen Volkswirtschaft

AKADEMIE-VERLAG · BERLIN 1980

Wissenschaftlicher Redakteur:
Dr. Walburga Wicke

Erschienen im Akademie-Verlag, DDR-108 Berlin, Leipziger Str. 3—4

Lizenznummer: 202 · 100/33/80
Umschlag: Rolf Kunze
Gesamtherstellung: VEB Druckerei „Thomas Müntzer",
582 Bad Langensalza
Bestellnummer: 753 781 7 (2163/34) · LSV 0325
Printed in GDR
DDR 7,50 M

Inhaltsverzeichnis

Vorwort

Die seit langem geführte Diskussion über die effektive Funktionsweise der sozialistischen Volkswirtschaft ist seit den sechziger Jahren um eine Denkrichtung reicher: Ausgehend von dem Dekompositionsverfahren für lineare Programme von Dantzig/Wolfe hatten Kornai/Liptak einen spieltheoretischen Algorythmus für die Plankoordinierung zweier Ebenen entwickelt, der bei Realisierung eines vorgegebenen Zielkriteriums eine effektive Bilanzierung und Produktion ermöglicht. Wie alle sinnvoll angewandten mathematischen Methoden in der Wirtschaft, so bewirkten dieses wie auch weitere Zerlegungsverfahren großdimensionierter Planungsaufgaben, daß die damit berührten ökonomischen Fragen in zum Teil neuer Weise erörtert wurden. Der unter dem Namen Zwei- bzw. Mehrebenenplanung charakterisierte Prozeß der Koordinierung von Plänen unterschiedlicher Ebenen stellt grundlegende Probleme der Leitung, Planung und Stimulierung nicht nur in einen zum Teil neuen Zusammenhang, sondern er betrachtet und behandelt sie als ursächlich miteinander zusammenhängend. So sind Fragen der Planbilanzierung in gebrauchswertmäßiger und wertmäßiger Form, der Leistungsbewertung, der Preisbildung, der ökonomischen Stimulierung, der Vertragsbeziehungen u.a. wechselseitig miteinander verknüpft und nur aus dieser Beziehung heraus beantwortbar und lösbar. Die Komplexität all dieser Fragen potenziert andererseits enorm die Schwierigkeiten im Rahmen ihrer Lösung. Das ist auch eine der Erklärungen dafür, daß der Modellansatz der Zweiebenenplanung bislang das theoretische Feld nicht verlassen hat.

Die hier vorgelegte Arbeit greift in die vor allem in der UdSSR geführte Diskussion ein. Sie ordnet die verschiedenen Vorschläge zur Lösung der Plankoordinierung (verallgemeinerter Begriff des Autors für den Prozeß der Planung auf mehreren Ebenen), analysiert sie und zeigt ihre Vorzüge und Mängel. Hiervon ausgehend entwickelt der Autor Vorstellungen zur vertikalen und auch zu dem in diesem Zusammenhang wenig untersuchten Gebiet der horizontalen Plankoordinierung. Besonderes Gewicht wird auf die Verknüpfung von Natural- und Wertkennziffern im Rahmen der Plankoordinierung gelegt, was die Bedeutung des Preisproblems, der Anwendung von Sanktionen, der Regelung von Vertragsbeziehungen zwischen den Betrieben u. a. ein weiteres Mal unterstreicht.

Einschränkend ist darauf hinzuweisen, daß die Erörterung der ökonomischen Probleme im Rahmen der Modellkonstruktion erfolgt, was bewirkt, daß ihr Bezug zu den verschiedenen laufenden Diskussionen nicht direkt hergestellt ist.

Die Arbeit ist ein theoretischer Beitrag und sollte für alle die von Interesse sein, die sich mit Problemen der Vervollkommnung des Funktionsmechanismus der Wirtschaft auseinandersetzen. Sie ist die erste größere Arbeit eines DDR-Autors zu dieser Problematik.

Berlin, den 30. 8. 1979 — Hans Schilar

1. Einleitung

Seit Beginn der sechziger Jahre nimmt die Methode der mathematischen Modellierung bei theoretischen und praktischen Untersuchungen der sozialistischen Ökonomie einen immer größeren Platz ein. Anfangs wurden Modelle konstruiert, deren Dimension (Zahl der Variablen und der Restriktionen) die vorhandenen Rechenkapazitäten um das Mehrfache überstiegen (z. B. Modelle der gesamten Volkswirtschaft). Ein Ausweg aus dieser Situation bestand in der Entwicklung solcher Lösungsalgorithmen, für die das globale Optimum im Verlaufe eines Iterationsprozesses über die Lösung von Teilaufgaben bestimmt wird. So entstanden z. B. die Dekompositionsmethoden.[1]

Als Teilaufgaben treten in solchen Methoden Modelle verschiedener Wirtschaftseinheiten (Betriebe, Zweige usw.) auf. Zur wechselseitigen Abstimmung der lokalen Modelle werden unterschiedliche Kennziffern und Methoden verwendet, die in vielen Fällen entsprechend ökonomisch interpretierbar sind. Deshalb wurden diese iterativen Prozesse auch als Modelle der Mehrebenenplanung bezeichnet.[2]

In den Abschnitten 2 bis 4 soll ein Überblick über die wichtigsten Modellansätze auf diesem Gebiet gegeben und mit einer vergleichenden Analyse aller dargelegten Prozesse verbunden werden. Die dabei verwendete Begriffswelt ist für die einschlägige Literatur typisch und nur im Zusammenhang mit den betrachteten Prozesse zu deuten; z. B. wird als Synonym für die Bezeichnungen "Prozeß der Mehrebenenplanung" oder "Modell der Mehrebenenplanung" das kurze Wort "Planungsprozeß" gebraucht.

In der vorliegenden Arbeit werden nur zwei Planungsebenen betrachtet: die obere Ebene, die durch das zentrale Planungsorgan (kurz: Zentrale) vertreten ist, und die untere Ebene, die Wirtschaftseinheiten. Die Untersuchung kann man induktiv auch auf mehrere Ebenen ausdehnen.[3] Der größeren Übersichtlichkeit wegen wird jedes einzelne Modell in folgender Weise dargelegt:

1. Übermittlung der zentralen Plankennziffern an die Wirtschaftseinheiten,
2. Aufgaben der Wirtschaftseinheiten (Bestimmung von Planvorschlägen usw.),
3. Übergabe der Information von den Wirtschaftseinheiten an die Zentrale,
4. Aufgabe des zentralen Planungsorgans (Koordinierung der Planvorschläge der Wirtschaftseinheiten, Bestimmung neuer zentraler Plankennziffern u.a.),
5. Anfangsplan des Prozesses,
6. Fragen der Konvergenz des Prozesses und der Einschätzung des Annäherungsgrades an das globale Optimum,
7. Aufstellung eines bilanzierten Endplanes des Prozesses nach einer endlichen Anzahl von Iterationen,
8. Ökonomische Charakteristik des Prozesses als Ganzes, insbesondere positive und negative Merkmale des betrachteten Prozesses als Modell der Mehrebenenplanung.

Die Zahl der Wirtschaftseinheiten wird mit n bezeichnet. Zwischen den Wirtschaftseinheiten zirkulieren verschiedene Güter und Leistungen, die hier durchweg als Produkte bezeichnet werden (Rohstoffe, Materialien, Maschinen, Konsumgüter, Tätigkeitsarten u.a.). Die Gesamtzahl der Produkte sei m.

Für die Beschreibung von Prozessen der Mehrebenenplanung ist es nicht notwendig, Angaben darüber zu besitzen, mit welcher Intensität die Wirtschaftseinheiten ihre technologischen Prozesse anwenden. Es genügt, lediglich das Endergebnis einer solchen Tätigkeit der Einheiten zu kennen, d.h. den Input-Output-Vektor der i-ten Wirtschaftseinheit $y_i = (y_{oi}, y_{1i}, \ldots, y_{ki}, \ldots, y_{mi}) \in R^{m+1}$; hier gibt y_{oi} den Wert der Zielfunktion von Einheit i und y_{ki} $(k=1, \ldots, m)$ deren Verbrauch (wenn $y_{ki} < 0$) oder die hergestellte Menge (wenn $y_{ki} > 0$) des Produktes k an. Die Konsumenten sind in diesem Modell sowohl Produzenten von Arbeitsleistungen als auch Verbraucher von Konsumgütern und Leistungen.

Mit Y_i wird die Gesamtheit aller technologisch realisierbaren Pläne der Wirtschaftseinheit i bezeichnet. Meist wird Y_i die technologische Menge der Einheit i (in der Variante mit Strömen) genannt.[4] Der Vektor y_i ist dann

Element von Y_i, wenn bei der Bereitstellung von Ressourcenmengen, die den negativen Größen des Input-Output-Vektors $(y_{1i}, \ldots, y_{ki}, \ldots, y_{mi})$ entsprechen, der im Plan y_i vorgesehene Produktionsausstoß mit den vorhandenen Kapazitäten erreicht werden kann und die Zielfunktion der Einheit i mindestens den Wert y_{oi} annimmt. Die Größe y_{oi} ist dabei als Funktion des Input-Output-Vektors $(y_{1i}, \ldots, y_{mi})$ zu verstehen, die durch die Menge Y_i beschrieben wird.

Einen Plan der Volkswirtschaft kann man als Vektor $y = (y_1, \ldots, y_i, \ldots, y_n)$ darstellen, der als Komponenten die Pläne y_i der einzelnen Wirtschaftseinheiten enthält. Die technologische Realisierbarkeit der Pläne der Wirtschaftseinheiten, die durch die Beziehung $y_i \in Y_i$ $(i=1, \ldots, n)$ zum Ausdruck gebracht wird, ist nur eine der Bedingungen, denen ein Volkswirtschaftsplan genügen muß. Außerdem soll der Plan y bilanziert sein, d.h., der Bedarf soll das Produktionsvolumen nicht übersteigen. Diese Forderung wird durch folgende Ungleichungen wiedergegeben:

$$\sum_{i=1}^{n} y_{ki} \geq 0 \qquad (k=1, \ldots, m). \tag{1}$$

Wird als zu maximierende Zielgröße der Volkswirtschaft die Summe der Zielfunktionen der einzelnen Wirtschaftseinheiten betrachtet, nimmt das Modell der Volkswirtschaft folgende Form an:

$$\max \left\{ \sum_{i=1}^{n} y_{oi} \;\middle|\; \sum_{i=1}^{n} y_{ki} \geq 0,\ k=1, \ldots, m, y_i \in Y_i,\ i=1, \ldots, n \right\}. \tag{2}$$

Für die nachfolgenden Darlegungen ist es unwesentlich, wie die Zielfunktionen y_{oi} ökonomisch interpretiert werden. Wenn das jedoch unumgänglich ist, wird y_{oi} wie folgt gedeutet: Für die Verbrauchergruppen kann y_{oi} Grad der Bedürfnisbefriedigung oder Nutzen sein, der bei einer dem Vektor $(y_{1i}, \ldots, y_{mi})$ entsprechenden Verausgabung von Arbeitskraft (Output) und

Konsumtion von Produkten (Input) erzielt wird. Für die Produktionseinheiten gilt in diesem Falle $y_{oi} \equiv 0$, da sie für die Bedürfnisbefriedigung lediglich Zwischenglieder sind.

Wie üblich werden die Menge Y^* der optimalen Pläne $y^* = (y_1^*, \ldots, y_n^*)$ des Modells (2) und die Menge P^* der optimalen Dualbewertungen (optimalen Preise) $p^* = (p_1^*, \ldots, p_m^*)$ der Restriktionen (1) definiert.[5] Es wird überall vorausgesetzt, daß die Mengen Y_i $(i=1, \ldots, n)$ konvex und abgeschlossen und die Mengen Y^* und P^* nicht leer und beschränkt sind. Das sind Bedingungen, die bei den Konvergenzbeweisen der in den Abschnitten 2 bis 4 dargelegten Iterationsprozesse benötigt werden.

Im Rahmen dieses Themas kann nicht ausführlicher auf die Erläuterung solcher hier verwendeten Begriffe, wie Grad der Bedürfnisbefriedigung, Nutzen, optimale Preise u.a. eingegangen werden. Der interessierte Leser sei lediglich auf die entsprechende Fachliteratur hingewiesen.[6]

Die Konstruktion von Modellen der Mehrebenenplanung darf nicht Selbstzweck sein. Die Untersuchung derartiger iterativer Prozesse muß mit bestehenden praktischen Erfordernissen in Verbindung gebracht werden. Die im Forschungsbericht dargelegten Prozesse finden Anwendung bei der

- Lösung großdimensionierter Optimierungsaufgaben,[7]
- Kopplung von Modellen innerhalb eines Modellsystems,[8]
- Imitation der Verhaltensweisen der Wirtschaftseinheiten und der Wirkungsweise des Systems der Planung, Leitung und Stimulierung in Abhängigkeit von der konkreten Gestaltung des Wirtschaftsmechanismus,[9]
- Untersuchung theoretischer Fragen des Mechanismus der Planausarbeitung.

Als Lösungsalgorithmen großdimensionierter Optimierungsaufgaben werden die entsprechenden iterativen Prozesse meist rein mathematisch abgehandelt.[10] Dabei ist zu berücksichtigen, daß mit der im Forschungsbericht verfolgten Klassifikation nur ein Teil aller existierenden Lösungsalgorithmen großdimensionierter Optimierungsaufgaben erfaßt wird.

In der UdSSR und anderen sozialistischen Ländern wird sehr intensiv an der Konstruktion von Modellsystemen gearbeitet.[11] Auch in der DDR wurden auf diesem Gebiet durch Forschungsarbeiten der Staatlichen Plankommission und des Ökonomischen Forschungsinstituts der SPK Erfahrungen z.B. bei der

Aufstellung von Planvarianten der Zweige, Sektoren u.a. gesammelt.[12] Auf der 4. Tagung der Gemeinsamen Kommission der Ökonomen der UdSSR und der DDR wurde die Konstruktion von Modellsystemen für die Volkswirtschaftsplanung als perspektivreiche Richtung bezeichnet.[13] Eine wichtige Rolle spielen dabei Prozesse der Kopplung und Abstimmung verschiedener Teilmodelle, d.h. Prozesse der Mehrebenenplanung.

Eine verhältnismäßig neue Richtung ist die Imitation der Verhaltensweisen der Wirtschaftseinheiten, insbesondere bei veränderten Bedingungen des Wirtschaftens. Natürlich können solche Untersuchungen nicht die realen Wirtschaftsexperimente ersetzen. Sie geben jedoch mit geringerem Aufwand schon von Beginn an über die Zweckmäßigkeit oder Unzweckmäßigkeit verschiedener Maßnahmen Aufschluß und dienen somit zur Absonderung uneffektiver Vervollkommnungsvorschläge des Wirtschaftsmechanismus.

Im vorliegenden Forschungsbericht wird der Untersuchung theoretischer Probleme des Planungsprozesses besondere Aufmerksamkeit gewidmet. Der bestehende Mechanismus der Ausarbeitung von Volkswirtschaftsplänen besitzt iterativen Charakter. "Gegenwärtig wird der Volkswirtschaftsplan in folgenden Etappen ausgearbeitet:

1. Ausarbeitung eines koordinierten Planprojekts (Planansatzes) und der darauf beruhenden staatlichen Aufgaben durch die Staatliche Plankommission auf der Grundlage der Direktiven der Partei der Arbeiterklasse;

2. Herausgabe der staatlichen Aufgaben an alle staats- und wirtschaftsleitenden Organe, Betriebe, Kombinate und Einrichtungen durch die Staatliche Plankommission, die Ministerien und wirtschaftsleitenden Organe;

3. Ausarbeitung der Planentwürfe, ihre Verteidigung und Koordinierung auf allen Ebenen;

4. Beschlußfassung über den Volkswirtschaftsplan und Herausgabe der staatlichen Planauflagen an die staats- und wirtschaftsleitenden Organe, Betriebe, Kombinate und Einrichtungen."[14]

Die Praxis der Ausarbeitung des Volkswirtschaftsplanes ist somit durch vielseitige Wechselbeziehungen zwischen zentraler staatlicher Planung und eigenverantwortlicher Planung der Kombinate, Betriebe und Einrichtungen gekennzeichnet. Dabei wird das Ziel verfolgt, das schöpferische Zusammenwirken der Werktätigen aller Bereiche und Leitungsebenen der Volkswirtschaft zu gewährleisten, Reserven der Produktionssteigerung aufzuspüren, die persönlichen, kollektiven und gesellschaftlichen Interessen in Übereinstimmung zu bringen und eine höchstmögliche Bilanzierung der Pläne zu erreichen.

Bei der theoretischen Analyse des oben kurz geschilderten Planungsprozesses entsteht eine Reihe von Problemen und Fragen. Informationen (Kennziffern) welcher Art sollen zwischen den einzelnen Ebenen fließen? Welche Rolle spielen die Kennziffern des zentralen Planprojektes bei der Ausarbeitung der Planvorschläge der Betriebe, Kombinate und Einrichtungen? Können die Wirtschaftseinheiten Pläne vorschlagen, die in bestimmter Weise von den staatlichen Aufgaben abweichen? Wenn ja, so entsteht die Frage, wodurch trotz solcher Abweichungen die vorrangige Stellung des zentralen Planprojekts gesichert werden soll. Mit welchen Methoden koordinieren die zentralen Planungsorgane die Planvorschläge der Kombinate, Betriebe und Einrichtungen, um die allseitige Bilanzierung des Volkswirtschaftsplanes zu erreichen? Eines der schwierigsten Probleme ist die Analyse des logischen Zusammenhangs zwischen den Etappen des Planungsprozesses. Nur wenn die einzelnen Etappen des Planungsprozesses aufeinander abgestimmt sind und ein logisches Ganzes ergeben, kann man mit bestimmter Gewißheit davon sprechen, daß im Verlaufe des Planungsprozesses die besten Varianten der Entwicklung der Volkswirtschaft gefunden werden.

Die Untersuchung dieser Probleme gewinnt besonders dann an Bedeutung, wenn der Planungsprozeß über mehrere Iterationen hin fortgesetzt wird. "Dabei müssen zur Erreichung der volkswirtschaftlichen Komplexität die Planberechnungen und -entscheidungen auf jeweils höherer Erkenntnisstufe mehrmals wiederholt werden, um schließlich eine bestmögliche Lösung für den Planungszeitraum zu finden, aus der sich die verbindlichen Planaufgaben ergeben. Einen solchen Prozeß der mehrmaligen Wiederholung und der schrittweisen Annäherung bezeichnet man als Iterationsprozeß. Die Notwendigkeit des iterativen Vorgehens ergibt sich aus der ungeheuren Kompliziertheit der inneren Zusammenhänge des volkswirtschaftlichen Reproduktionsprozesses, aus der unterschiedlichen zeitlichen Reichweite der Entscheidungen, aus dem Widerspruch zwischen den Anforderungen und den volkswirtschaftlichen Möglichkeiten, aus der erforderlichen Koordinierung des Volkswirtschaftsplanes mit den Plänen der anderen RGW-Länder sowie aus der Teilnahme der Leitungsorgane und der Werktätigen auf allen Ebenen."[15]

Gegenwärtig umfaßt der Prozeß der Planausarbeitung meist nicht mehr als zwei Iterationen. Die in der UdSSR begonnene Ausarbeitung und Anwendung von automatisierten Leitungssystemen (ASU) der Betriebe und Zweige und eines automatisierten Systems der Planberechnungen (ASPR) der Staatlichen Plankommission verfolgt unter anderem das Ziel, die Informationsverarbeitung und die Entscheidungsfindung auf allen Ebenen wesentlich zu beschleunigen. Damit wird die Möglichkeit geschaffen, die Zahl der Iterationen des Planungsprozesses und somit die Ausgewogenheit und Abgestimmtheit des Volkswirtschaftsplanes zu erhöhen. Unter diesem Gesichtspunkt gewinnt eine weitere theoretische Untermauerung des iterativen Charakters des Planungsprozesses an Bedeutung.

Der Leser wird im vorliegenden Forschungsbericht keine direkten Antworten auf die oben gestellten Fragen finden. Die Untersuchung dieser Probleme muß vom vorhandenen Erfahrungsschatz der sozialistischen Länder bei der Gestaltung des Systems der Leitung, Planung und Stimulierung ausgehen. Nur auf dieser Grundlage können entsprechend fundierte theoretische Verallgemeinerungen vorgenommen und Vorschläge zur Vervollkommnung des Planungsprozesses ausgearbeitet werden. Die vorliegende Studie kann dabei behilflich sein, da sie eine erste, grobe Vorstellung darüber gibt, wie entsprechende theoretische Untersuchungen aufgebaut sein können.

Die Auffassung, daß solche Prozesse, wie sie in den Abschnitten 2 bis 4 behandelt werden, direkt bei der Ausarbeitung von Volkswirtschaftsplänen angewendet werden können, ist nicht real. Mit der Analyse verschiedener Modelle der Mehrebenenplanung und ihrer Gegenüberstellung wird hauptsächlich das Ziel verfolgt, verschiedene Möglichkeiten der Konstruktion des Zielkriteriums der Wirtschaftseinheiten, der Wechselwirkung zwischen naturalen Plankennziffern und Wertgrößen (Preisen), zwischen zentraler Planung und eigenverantwortlicher Planungstätigkeit der Wirtschaftseinheiten aufzuzeigen und bestimmte logische Zusammenhänge zwischen diesen Aspekten darzustellen.

Diese Wechselwirkung ist für den realen Planungsprozeß von fundamentaler Bedeutung. Sie verkörpert das Leninsche Prinzip des demokratischen Zentralismus, die "Möglichkeit völliger und unbehinderter Entwicklung nicht nur der örtlichen Besonderheiten, sondern auch der örtlichen Initiative, der Mannigfaltigkeit der Wege, Methoden und Mittel des Vormarsches zum gemeinsamen Ziel..."[16].

2. Approximation der technologischen Mengen der Wirtschaftseinheiten durch das zentrale Planungsorgan

Verfolgt man das Ziel, mit mathematischen Methoden und den vorhandenen Rechenkapazitäten lediglich eine Lösung von (2) zu bestimmen, wird das iterative Vorgehen zum Auffinden eines optimalen Planes von (2) hauptsächlich durch folgende Umstände bedingt:

1. Die Aufgabe (2) besitzt als Modell der Volkswirtschaft eine so große Dimension (das betrifft sowohl die Zahl der Variablen als auch die Zahl der Restriktionen), daß sie bei den heutigen technischen Möglichkeiten nur durch Zerlegung lösbar ist.

2. Es ist unmöglich, sämtliche Daten, die zur Beschreibung der Mengen Y_i notwendig sind, in einer Zentrale zu konzentrieren, denn die Wirtschaftseinheiten haben anfangs gewöhnlich nur ungenaue und unvollständige Vorstellungen über ihre technologischen Möglichkeiten, die sie erst über mehrere Iterationen hinweg schrittweise ergänzen und konkretisieren. Außerdem wäre die Übermittlung und Speicherung aller Daten über die Mengen Y_i technisch nicht realisierbar und zu aufwendig.

Diese Umstände resultieren aus rein technischen Verfahrensschwierigkeiten bei der Lösung von (2). Wie schon im Vorwort angedeutet, wird die Notwendigkeit des iterativen Vorgehens bei der Ausarbeitung von Volkswirtschaftsplänen noch durch viele andere Faktoren ökonomischer und sozialer Art bedingt. Die ersten iterativen Methoden, die ökonomisch als Planungsprozesse interpretiert wurden, konzentrierten jedoch ihr Hauptaugenmerk auf die Bewältigung der vorher umrissenen zwei Probleme. Das gilt in erster Linie für die Methoden der schrittweisen Approximation der technologischen Mengen der Wirtschaftseinheiten.

2.1. Innere Approximation

Einer der ersten Versuche, ein Modell des Planungsprozesses aufzustellen, wurde von Dantzig und Wolfe unternommen.[17] Die Grundidee der Methode von Dantzig und Wolfe besteht in der angenäherten Darstellung der technologischen Mengen der Wirtschaftseinheiten mit Hilfe von konvexen Kombinationen einiger ihrer Elemente (Eckpunkte), die dann schrittweise verbessert wird. Die Darlegung dieser Methode erfolgt nach dem im Vorwort beschriebenen Schema. Dabei genügt es, jedesmal nur eine Iteration (die Iteration t) des Prozesses und die Regeln des Übergangs zur nächsten Iteration zu beschreiben.

1. Zu Beginn der Iteration t (t=0, 1, ...) teilt das zentrale Planungsorgan den Wirtschaftseinheiten die Preise p^t mit.

2. Danach bestimmen die Einheiten den Plan $y_i^t \in Y_i$, für den der Ausdruck

$$y_{oi} + \sum_{k=1}^{m} p_k^t y_{ki}$$

den maximalen Wert erreicht, d.h.

$$y_i^t = \arg \max_{y_i \in Y_i} \left\{ y_{oi} + \sum_{k=1}^{m} p_i^t y_{ki} \right\} \quad (i=1, \ldots, n). \tag{3}$$

Laut Definition gilt: $\bar{x} = \arg \max_{x \in X} f(x)$ dann und nur dann, wenn $\bar{x} \in X$ und $f(\bar{x}) \geq f(x)$ für beliebiges $x \in X$.

Da in der Summe $\sum_{k=1}^{m} p_k^t y_{ki}$ sowohl die Herstellung ($y_{ki} > 0$) als auch der Verbrauch ($y_{ki} < 0$) von Produkten berücksichtigt werden, stellt ihr Betrag den Gewinn dar, den die Einheit i bei den Preisen p^t erzielt. Bei der Lösung von (3) werden also Nutzen (Grad der Bedürfnisbefriedigung) und gesellschaftliche Bewertung der dem Input-Output-Vektor $(y_{1i}, \ldots, y_{mi})$ entsprechenden Tätigkeit der Wirtschaftseinheiten abgewogen und ein optimales Verhältnis zwischen ihnen hergestellt.

3. Die Wirtschaftseinheiten teilen der Zentrale die Planvorschläge y_i^t (i=1,...,n) mit.

4. Volkswirtschaftspläne, die das zentrale Planungsorgan ausarbeitet, werden nachfolgend im Unterschied zu den Plänen der Einheiten mit den Symbolen u und $\bar{u}$ bezeichnet. Dabei ist $u = (u_1, \ldots, u_i, \ldots, u_n)$ mit $u_i = (u_{1i}, \ldots, u_{ki}, \ldots, u_{mi})$, i=1,...,n, während $\bar{u}$ noch die Komponenten $\bar{u}_{oi}$ einschließt:

$$\bar{u} = (\bar{u}_1, \ldots, \bar{u}_n),\ \bar{u}_i = (\bar{u}_{oi}, \bar{u}_{1i}, \ldots, \bar{u}_{mi}),\ i=1,\ldots,n.$$

Da die Menge Y_i konvex ist, enthält sie beliebige konvexe Kombinationen der Vektoren y_i^τ (τ=0, 1, ..., t) d.h.

$$Y_i \supseteq Y_i^t = \left\{ y_i \middle| y_i = \sum_{\tau=0}^{t} y_i^\tau \lambda_i^\tau, \sum_{\tau=0}^{t} \lambda_i^\tau = 1, \lambda_i^\tau \geq 0, \tau = 0, 1, \ldots, t \right\}.$$

Mit Hilfe der im Verlaufe des Planungsprozesses erhaltenen Vorschläge y_i^τ (τ=0, 1, ..., t) kann also das zentrale Planungsorgan die Menge Y_i durch Y_i^t approximieren. Deshalb besitzt die Zentrale alle Daten, um folgendes globales Modell zu lösen:

$$\max\left\{ \sum_{i=1}^{n} \bar{u}_{oi} \middle| \sum_{i=1}^{n} \bar{u}_{ki} \geq 0,\ k=1,\ldots,m,\ \bar{u}_i \in Y_i^t,\ i=1,\ldots,n \right\}; \qquad (4)$$

Die optimalen Dualvariablen p^{t+1} der Restriktionen $\sum_{i=1}^{n} \bar{u}_{ki} \geq 0$ (k=1,...,m) des Modells (4) werden den Wirtschaftseinheiten zu Beginn der nächsten Iteration mitgeteilt. Sie sind Bewertungen der Produkte mit der Einschränkung, daß bei ihrer Bestimmung nur ein Teil aller technologisch realisierbaren Planvarianten der Einheiten berücksichtigt wird. Die Einbeziehung neuer Planvorschläge führt in der Regel zu einer Veränderung der Bewertung der Produkte.

5. Der Anfangsvektor p^o muß lediglich nichtnegativ sein. Deshalb kann bei der Aufstellung von p^o eine beliebige Preisprognose für die Planperiode verwendet werden.

Um die Lösbarkeit der Aufgabe (4) von Beginn an zu gewährleisten, muß der Vektor y^o in der Menge

$$Q = \left\{ y \in Y = Y_1 x \ldots x Y_n \middle| \sum_{i=1}^{n} y_{ki} \geq 0, \ k=1, \ldots, m \right\}$$

aller bilanzierten und technologisch realisierbaren Pläne enthalten sein. Diese Bedingung wird jedoch nur selten erfüllt sein, da die Planvorschläge y_i^o infolge der Linearität der lokalen Zielfunktion

$$y_{oi} + \sum_{k=1}^{m} p_k^o y_{ki}$$

Extremalpunkte der Mengen Y_i sind und deshalb in der Regel den Bilanzbedingungen

$$\sum_{i=1}^{n} y_{ki}^o \geq 0 \ (k=1, \ldots, m)$$

nicht genügen. Deshalb muß die Aufgabe (4) auf folgende Weise modifiziert werden:

$$\max \left\{ \sum_{i=1}^{n} \bar{u}_{oi} - K \sum_{k=1}^{m} a_k \middle| \sum_{i=1}^{n} \bar{u}_{ki} + a_k \geq 0, a_k \geq 0, k=1, \ldots, m, \right.$$

$$\left. \bar{u}_i \in Y_i^t, \ i=1, \ldots, n \right\}, \qquad (5)$$

wobei K eine genügend große positive Zahl ist.

Der fiktive Vorrat $a = (a_1, \ldots, a_m)$ wurde eingeführt, um Bilanzstörungen zu beseitigen und die Lösbarkeit von (5) zu garantieren. Es seien $(\bar{u}_1^t, \ldots, \bar{u}_n^t, a^t)$ und p^{t+1} jeweils die Primallösung und die Duallösung von (5). Dann ist $p_k^{t+1} = K$ für alle die k, für die $a_k^t > 0$ gilt. Folglich stimuliert bei einer Bilanzstörung des Produktes k (d.h. bei $\sum_{i=1}^{n} \bar{u}_{ki}^t < 0$) der hohe Preis $p_k^{t+1} = K$ die Steigerung der Produktion oder den sparsameren Verbrauch des Produktes k. Das führt dazu, daß nach einigen Iterationen der Vektor a^t gleich Null sein wird und man somit zur Aufgabe (4) zurückkehren kann.

6. Es sei $\bar{u}^t = (\bar{u}_1^t, \ldots, \bar{u}_n^t)$ die Lösung der Aufgabe (4). Wenn die Mengen Y_i beschränkt sind, konvergiert $\bar{u}^t$ zur Menge der optimalen Lösungen Y^* des globalen Modells (2).[18]

Für die Methode der inneren Approximation ist ein monotones Anwachsen der Zielfunktion von (4) charakteristisch. Das folgt unmittelbar aus der Beziehung $Y_i^t \subseteq Y_i^{t+1}$. Deshalb liegt nahe, den Grad der Annäherung an das Optimum mit Hilfe des Zielfunktionswertes einzuschätzen. Es gilt:

$$\sum_{i=1}^{n} \bar{u}_{oi}^t \leq \sum_{i=1}^{n} y_{oi}^*, \; y^* \epsilon \; Y^* \tag{6}$$

und

$$\sum_{i=1}^{n} y_{oi}^* \leq \sum_{i=1}^{n} \max_{y_i \epsilon Y_i} (y_{oi} + \sum_{k=1}^{m} p_k^t \, y_{ki})$$

$$= \sum_{i=1}^{n} (y_{oi}^t + \sum_{k=1}^{m} p_k^t \, y_{ki}^t),$$

d.h. die Größe

$$\varrho^t = \sum_{i=1}^{n} (y_{oi}^t + \sum_{k=1}^{m} p_k^t \, y_{ki}^t) - \sum_{i=1}^{n} \bar{u}_{oi}^t$$

ist nichtnegativ und gibt den Grad der Annäherung an das Optimum an. Dabei gilt $\varrho^t = 0$ dann und nur dann, wenn $\bar{u}^t \epsilon \; Y^*$.

7. Es sei T der Index der Enditeration. Wenn der fiktive Vorrat a bis zur Iteration T eliminiert wurde, kann das zentrale Planungsorgan am Ende des Planungsprozesses $\bar{u}^t$ als direktive Planauflage für die Wirtschaftseinheiten festlegen. Dieser Plan ist bilanziert und vom Standpunkt der technologischen Möglichkeiten realisierbar.

8. Das Wesen des Planungsprozesses besteht hauptsächlich darin, daß man ausgehend von der Prognose bestimmter Plankennziffern diese schrittweise korrigiert, konkretisiert und abstimmt. Die Methode der inneren Approximation genügt dieser Anforderung nicht in vollem Maße. Die Veränderung der

Preise wird nicht durch eine eigentliche Korrektur vorgenommen. Sie resultiert auf indirekte Weise aus der Einbeziehung neuer Planvarianten der Wirtschaftseinheiten. Da am Anfang des Prozesses die Volkswirtschaft nur sehr unvollständig beschrieben wird, kann es zu sprunghaften Preisveränderungen kommen, die zu einer starken Beeinträchtigung der Meßfunktion der Preise führen. Preisprognosen sind deshalb für den Verlauf des Prozesses fast bedeutungslos, der Prozeß wird sich gleich nach der ersten Iteration von ihnen losreißen und seiner eigenen Logik folgen.

In der Methode der inneren Approximation werden auf jeder Iteration neue Planvarianten in das globale Modell (4) aufgenommen. Es ist also eine Vielzahl von Iterationen nötig, damit eine ausreichende Charakteristik der technologischen Mengen möglich wird. Mit anderen Worten, das Bestreben des zentralen Planungsorgans, die technologischen Mengen der Einheiten in ihrer Konkretheit angenähert darzustellen, kann nur über eine Vielzahl von Planvorschlägen verwirklicht werden. Dem sind aber durch die Planungspraxis enge Grenzen gesetzt.

Die Methode der inneren Approximation besitzt die nützliche Eigenschaft, daß der mit Hilfe des Modells (4) zentral ermittelte Plan $\bar{u}^t$ für jeden Iterationsschritt bilanziert und technologisch verwirklichbar ist. Das erleichtert die ständige Analyse und Erörterung dieses Planes und die Aufstellung des Endplanes. Dabei ist jedoch zu beachten, daß der fiktive Vorrat a schon eliminiert sein muß. In Wirklichkeit kann sich das aber bis zur Iteration T hinziehen, da das Problem des Auffindens eines zulässigen (bilanzierten und technologisch realisierbaren) Volkswirtschaftsplanes fast genauso kompliziert ist wie die Bestimmung eines optimalen Volkswirtschaftsplanes.

Abschließend muß festgestellt werden, daß den Wirtschaftseinheiten im oben beschriebenen Planungsprozeß eine passive Rolle zuteil wird. Die Einheiten haben im Verlaufe des Prozesses keine Vorstellungen darüber, mit welchen Kennziffern λ_i^τ die einzelnen Planvorschläge y_i^τ gewichtet werden und welche Werte somit die Naturalkennziffern des zukünftigen Volkswirtschaftsplanes annehmen werden. Ihre Rolle beschränkt sich auf das Auffinden einiger Elemente von Y_i, während die Ausarbeitung des Volkswirtschaftsplanes vollständig zentralisiert vonstatten geht. Lediglich am Ende des Prozesses wird den Wirtschaftseinheiten der Plan $\bar{u}^T$ übermittelt.

2.2. Äußere Approximation

Konvexe Mengen können nicht nur von innen mit Hilfe von konvexen Kombinationen ihrer Extremalpunkte, sondern auch von außen über den Durchschnitt von Halbräumen approximiert werden. Dabei sind die Hyperflächen, die die Halbräume bestimmen, Tangentenflächen zu der betrachteten Menge. Es folgt nun die Beschreibung eines Modells des Planungsprozesses, das auf der äußeren Approximation der technologischen Mengen beruht:

1. Zu Beginn der Iteration t (t=0, 1, ...) teilt das zentrale Planungsorgan den Wirtschaftseinheiten die Pläne

$$\bar{u}_i^t = (\bar{u}_{oi}^t, \bar{u}_{1i}^t, \ldots, \bar{u}_{mi}^t)$$

mit. Dabei stellen $\bar{u}_{oi}^t$ den zu erreichenden Wert der Zielkomponente und $\bar{u}_{ki}^t$ die Auflage für die Produktion (oder den Verbrauch) des Produktes k dar. Es wird vorausgesetzt, daß der Plan $\bar{u}^t = (\bar{u}_1^t, \ldots, \bar{u}_i^t, \ldots, \bar{u}_n^t)$ bilanziert ist, d.h.

$$\sum_{i=1}^{n} \bar{u}_{ki}^t \geq 0 \ (k=1, \ldots, m).$$

2. Jede Einheit bestimmt einen technologisch realisierbaren Plan y_i^t, dessen Abweichung vom Planvorschlag der Zentrale $\bar{u}_i^t$ minimiert wird:

$$y_i^t = \arg\min_{y_i \in Y_i} \sum_{k=0}^{m} (y_{ki} - \bar{u}_{ki}^t)^2 \ (i=1, \ldots, n). \tag{7}$$

Als Maß der Abweichung kann man außer der quadratischen auch andere Funktionen verwenden.[19]

3. Die Einheiten teilen dem zentralen Planungsorgan die Planvorschläge y_i^t mit.

4. Gemäß (7) ist der Vektor $q_i^t = \bar{u}_i^t - y_i^t$ die Normale der Menge Y_i im Punkt y_i^t. Folglich enthält der Halbraum

$$H_i^t = \left\{ y_i \in R^{m+1} \;\middle|\; (y_i - y_i^t,\, q_i^t) \leq 0 \right\}$$

die Menge Y_i. Die Zentrale kann somit die äußere Approximation von Y_i auf folgende Weise verbessern:

$$Y_i^{t+1} = Y_i^t \cap H_i^t \quad (i=1, \ldots, n),$$

wobei $Y_i^t \supseteq Y_i$ die äußere Approximation von Y_i der vorhergehenden Iteration ist. Unter Verwendung von Y_i^{t+1} löst das zentrale Planungsorgan die Aufgabe

$$\max \left\{ \sum_{i=1}^{n} \bar{u}_{oi} \;\middle|\; \sum_{i=1}^{n} \bar{u}_{ki} \geq 0,\ k=1, \ldots, m,\ \bar{u}_i \in Y_i^{t+1},\ i=1, \ldots, n \right\}. \tag{8}$$

Der optimale Plan von (8) $\bar{u}^{t+1}$ wird wieder der unteren Ebene mitgeteilt usw.

5. Die Anfangsapproximation Y_i^1 muß so gewählt werden, daß $Y_i^1 \supseteq Y_i$ $(i=1, \ldots, n)$ gilt und das globale Modell (8) lösbar ist. Wenn z. B. Y_i beschränkt ist und K genügend groß gewählt wird, so enthält

$$Y_i^1 = \left\{ y_i \;\middle|\; |y_{ki}| \leq K,\ k=0, 1, \ldots, m \right\}$$

die Menge Y_i. Praktisch kann Y_i^1 durch Angaben der Wirtschaftseinheiten über die oberen und unteren Grenzen der Produktion und des Verbrauchs der Produkte gebildet werden.

6. Die Pläne y^t und $\bar{u}^t$ konvergieren zur Menge der optimalen Lösungen Y^*.[20] Als Maß der Annäherung an das Optimum kann die summare quadratische Abweichung der Planvorschläge der Einheiten y_i^t von den zentralen Plankennziffern $\bar{u}_i^t$ dienen:

$$\varrho^t = \sum_{i=1}^{n} \sum_{k=0}^{m} (y_{ki}^t - \bar{u}_{ki}^t)^2 .$$

Der Prozeß kann also abgebrochen werden, wenn die lokalen und zentralen Plankennziffern in genügendem Maße aufeinander abgestimmt sind.

7. Die Ausarbeitung eines Endplanes ist in der Methode der äußeren Approximation mit Schwierigkeiten verbunden, da der Plan der Zentrale $\bar{u}^t$ zwar bilanziert ist, jedoch in der Regel nicht der Menge der technologisch realisierbaren Pläne Y angehört (wenn $\bar{u}^t \in Y$ gilt, so ist $\bar{u}^t$ ein optimaler Plan von (2) und der Prozeß kann abgebrochen werden). Im Gegensatz dazu ist der Plan y^t zwar technologisch realisierbar, aber meist nicht bilanziert.

In einer solchen Situation, die auch noch bei anderen Modellen des Planungsprozesses anzutreffen sein wird, kann die Bestimmung des Endplanes auf zweierlei Weise bewältigt werden. An die Methode der inneren Approximation anknüpfend kann man versuchen, folgende Aufgabe zu lösen:

$$\max\left\{ \sum_{t=0}^{T} \sum_{i=1}^{n} y_{oi}^t \lambda_i^t \,\middle|\, \sum_{t=0}^{T} \sum_{i=1}^{n} y_{ki}^t \lambda_i^t \geq 0,\ k=1,\ldots,m, \right.$$
$$\left. \sum_{t=0}^{T} \lambda_i^t = 1,\ \lambda_i^t \geq 0,\ t=0,1,\ldots,\ T,\ i=1,\ldots,n \right\}. \qquad (9)$$

Wenn (9) die Lösung $\bar{\lambda}^t$ besitzt, ist

$$\bar{y}^T = (\bar{y}_1^T, \ldots, \bar{y}_n^T) \text{ mit } \bar{y}_i^T = \sum_{t=0}^{T} y_i^t \bar{\lambda}_i^t \ (i=1,\ldots,n)$$

ein bilanzierter und technologisch realisierbarer Endplan. Gleichzeitig ermöglicht dieses Herangehen eine Abschätzung der Annäherung an das Optimum, da gemäß (6) und $Y_i^t \supseteq Y_i$ folgende Ungleichungen gelten:

$$\sum_{i=1}^{n} y_{oi}^T \leq \sum_{i=1}^{n} y_{oi}^* \leq \sum_{i=1}^{n} \bar{u}_{oi}^T,\ y^* \in Y^* .$$

Es ist aber möglich, daß (9) nicht lösbar ist. In diesem Falle tritt anstelle von (8) die Aufgabe

$$\max\left\{\sum_{i=1}^{n} \bar{u}_{oi} \,\middle|\, \sum_{i=1}^{n} \bar{u}_{ki} \geq a_k,\ k=1,\ldots,m,\ \bar{u}_i \in Y_i^{t+1},\ i=1,\ldots,n\right\}, \tag{10}$$

wobei $a_k > 0$ $(k=1,\ldots,m)$. Es wird also danach gestrebt, a_k Einheiten mehr zu produzieren, als zur Befriedigung der Nachfrage erforderlich sind. Folglich wird so geplant, als ob es notwendig ist, den Vorrat a_k zu schaffen. Da bei der Methode der äußeren Approximation y_i^t zu $\bar{u}_i^t$ konvergiert, gilt nach T Iterationen $\left|\bar{u}_{ki}^T - y_{ki}^T\right| \leq \varepsilon$. Folglich erhält man unter Berücksichtigung von (10) die Beziehung

$$\sum_{i=1}^{n} y_{ki}^T \geq \sum_{i=1}^{n} \bar{u}_{ki}^T - \varepsilon \geq a_k - \varepsilon.$$

Wählt man nun $a_k \geq \varepsilon$ $(k=1,\ldots,m)$, ergibt sich $\sum_{i=1}^{n} y_{ki}^T \geq 0$, d.h., der Vektor y^T ist bilanziert und kann als Endplan dienen.

Die konkrete Größe des Vektors $a = (a_1,\ldots,a_m)$ kann auf der Grundlage der vorhandenen Erfahrungen bei der Ausarbeitung von Volkswirtschaftsplänen bestimmt werden. Dabei ist zu bemerken, daß in der Regel im Verlauf eines solchen modifizierten Planungsprozesses kein realer Vorrat gebildet werden muß, da lediglich die Nichtnegativität der Größen $\sum_{i=1}^{n} y_{ki}^T$ $(k=1,\ldots,n)$ zu garantieren ist. Außerdem ist dieses Verfahren nicht mit der Schaffung von Reserven zur Beseitigung von Engpässen bei der Realisierung des Plans zu verwechseln.

8. Im Unterschied zur Methode der inneren Approximation führt der beschriebene Prozeß zu einer Annäherung der zentralen und lokalen Plankennziffern. Deshalb kann das zentrale Planungsorgan darauf verzichten, den Plan am Ende des Prozesses den Wirtschaftseinheiten zu diktieren. Die Einheiten erhalten schon im Verlaufe des Prozesses eine konkrete Vorstellung über den zukünftigen Volkswirtschaftsplan, die sich von Iteration zu Iteration verbessert. Sie sind in viel größerem Maße aktive Teilnehmer des Planungsprozesses. Das kommt auch dadurch zum Ausdruck, daß der Endplan mit den zuletzt erarbeiteten Planvorschlägen der Einheiten identisch ist (vgl. Punkt 7). Die Planvorschläge der Einheiten fließen also direkt in den Volkswirtschaftsplan ein.

Ein wesentlicher Nachteil der Methode der äußeren Approximation besteht darin, daß das Problem der Preisbildung überhaupt nicht betrachtet wird. Die Wirtschaftseinheiten gehen bei der Ausarbeitung von Planvorschlägen lediglich von den zentral vorgegebenen Naturalkennziffern aus, es fehlt jegliche Stimulierung über Preise. Es handelt sich somit um einen Prozeß der Naturalplanung. Der Verzicht auf Wertregulatoren bei der Bilanzierung der Plankennziffern führt aber dazu, daß das zentrale Planungsorgan im Planungsprozeß einen großen Umfang von detaillierten Informationen über die technologischen Mengen Y_i anhäufen und verarbeiten muß.

Wie auch die Methode der inneren Approximation besitzt der geschilderte Prozeß eine Logik, die den gewöhnlichen Charakteristiken des Planungsprozesses nicht in vollem Maße entspricht. Das erschwert das Einfließen von Anfangsinformationen. Der Prozeß der äußeren Approximation folgt unabhängig von der Qualität der Planprognose $\bar{u}^o$ seiner eigenen Logik, so daß kein direkter Zusammenhang zwischen $\bar{u}^o$ und den nachfolgenden Plänen $\bar{u}^1$, $\bar{u}^2, \ldots$ besteht.

Approximationsmethoden stellen einen Versuch dar, die für die Lösung des Modells (2) notwendigen detaillierten Informationen über die Ausarbeitung von Planvorschlägen der Einheiten zu erzeugen und in einer Zentrale zu speichern und zu verarbeiten. Das zentrale Planungsorgan erhält dabei ein mit den notwendigen Daten abgesichertes Volkswirtschaftsmodell. Die Existenz eines solchen globalen Modells ermöglicht die Analyse und die Lösung vieler globaler ökonomischer Probleme, die gewöhnlich nicht direkt im Planungsprozeß widergespiegelt werden können. Diese Eigenschaften der Approximationsmethoden bedingen aber andererseits ihre begrenzten Möglichkeiten. Um solche konkreten Vorstellungen über die Volkswirtschaft zu erhalten, sind viele Iterationen und große Kapazitäten zur Speicherung und Verarbeitung der Informationen notwendig. Die Lösung der Aufgabe (8) scheint für die gesamte Volkswirtschaft mit ihrer großen Anzahl nichtaggregierter Produkte nicht realisierbar. Die Aufgabe (4) ist zwar einfacher als (8), da sie in der Form

$$\max\left\{\sum_{\tau=0}^{t}\sum_{i=1}^{n} y_{oi}^{\tau}\lambda_i^{\tau} \,\middle|\, \sum_{\tau=0}^{t}\sum_{i=1}^{n} y_{ki}^{\tau}\lambda_i^{\tau} \geq 0,\ k=1,\ldots,m,\ \sum_{\tau=0}^{t}\lambda_i^{\tau}=1,\right.$$

$$\left.\lambda_i^{\tau} \geq 0,\ \tau=0,1,\ldots,t,\ i=1,\ldots,n\right\}$$

dargestellt werden kann. Die große Anzahl der Produkte und der Variablen λ_i^{τ} erschweren jedoch auch ihre Lösung.

Die Logik der Approximationsmethoden ist ökonomisch nur sehr schwer durchschaubar und stimmt in vielem nicht mit den üblichen Vorstellungen vom Planungsprozeß überein. Anfangsinformationen haben einen zu geringen Einfluß auf den Prozeß. Alle diese Eigenschaften lassen die Methoden der inneren und äußeren Approximation als Modelle eines volkswirtschaftlichen Planungsprozesses ungeeignet erscheinen. Ihr wahrscheinlicheres Anwendungsgebiet sind die unteren Ebenen der Volkswirtschaft.

3. Planungsprozeß als Regelungssystem mit negativer Rückkopplung

In diesem Kapitel werden Modelle des Planungsprozesses behandelt, die sich von den Approximationsmethoden hauptsächlich dadurch unterscheiden, daß das zentrale Planungsorgan nicht bestrebt ist, umfangreiche Vorstellungen über die technologischen Mengen zu erhalten und auf dieser Grundlage Plankennziffern auszuarbeiten. Hauptinstrument bei der Korrektur der zentralen Naturalkennziffern und der Preise sind in den folgenden Prozessen das Verhältnis zwischen Verbrauch und Herstellung der Produkte und die Unterschiede zwischen den individuellen Effektivitätskennziffern der Einheiten. Die Korrektur auf der Grundlage derartiger negativer Rückkopplungen ist auf die Koordinierung der Planvorschläge der Wirtschaftseinheiten und die Beseitigung auftretender Unausgeglichenheiten gerichtet.

3.1. Preise als Instrument der Plankoordinierung

Eines der traditionellen Mittel der Bilanzierung von Plänen der unteren Ebene sind die Preise. Dieser Thematik sind im Gebiet der mathematischen Modellierung der Ökonomie viele Arbeiten gewidmet. Das ist auf die fundamentale Rolle der Lagrange-Funktionen in der mathematischen Ökonomie zurückzuführen. Andererseits ist diese Problematik auch für die sozialistische Wirtschaftspraxis von großer Bedeutung, da nach den Wirtschaftsreformen in den sozialistischen Ländern die Rolle der Preise wuchs und planmäßige Preisveränderungen zwecks Anpassung an die Produktions- und Konsumtionsbedingungen vorgenommen werden.[21]

Es folgt nun die Beschreibung eines Prozesses, der von der spieltheoretischen Interpretation der Lagrange-Funktion der Aufgabe (2) ausgeht und dessen hauptsächliches Instrument der Plankoordinierung die zentral vorgegebenen Preise sind.

1. Zu Beginn der Iteration t (t=1, 2, ...) teilt das zentrale Planungsorgan der unteren Ebene die Preise $p_1^t, \ldots, p_m^t$ mit.

2. Danach bestimmen die Wirtschaftseinheiten die Pläne

$$\bar{y}_i^t = \arg \max_{y_i \in Y_i} \left\{ y_{oi} + \sum_{k=1}^{m} p_k^t \, y_{ki}^t \right\} \quad (i=1, \ldots, n). \tag{11}$$

Die Aufgabe (11) wurde bereits in Abschnitt 2.1. Punkt 2 interpretiert. Im Unterschied zur Methode der inneren Approximation stellt jedoch der Vektor $\bar{y}_i^t$ hier nicht unmittelbar den Planvorschlag der Einheit dar. Er zeigt lediglich an, in welcher Richtung der vorherige Plan y_i^{t-1} zu ändern ist, d.h.

$$y_i^t = y_i^{t-1} + \alpha^t (\bar{y}_i^t - y_i^{t-1}), \quad 0 < \alpha^t < 1, \; i=1, \ldots, n. \tag{12}$$

Wenn es also bei den Preisen p^t vorteilhaft ist, eine größere Menge des Produkts k herzustellen, als früher vorgesehen wurde (d.h. wenn $\bar{y}_{ki}^t > y_{ki}^{t-1}$), erhöht die Einheit gemäß (12) den Plan:

$$y_{ki}^t > y_{ki}^{t-1}.$$

Andernfalls wird der Plan gesenkt. Da $0 < \alpha^t < 1$, folgt aus $y_i^{t-1} \in Y_i$ und (12) die Beziehung $y_i^t \in Y_i$.

3. Die Wirtschaftseinheiten teilen der Zentrale die Planvorschläge y_i^t mit.

4. Die Aufgabe des zentralen Planungsorgans besteht in der Aufstellung solcher Preise, die die Produktion und den Verbrauch jedes Produktes bilanzieren. Mit diesem Ziel ermittelt die Zentrale das überschüssige Angebot

$$q_k^t = \sum_{i=1}^{n} y_{ki}^t,$$

das das Verhältnis zwischen der Produktion und dem Verbrauch des Produktes k zum Ausdruck bringt. Es seien r_k $(k=1,\ldots,m)$ genügend große positive Zahlen und

$$\bar{p}_k^t = \begin{cases} r_k, \text{ wenn } q_k^t < 0 \\ p_k^t, \text{ wenn } q_k^t = 0 \\ 0, \text{ wenn } q_k^t > 0 \end{cases} \qquad (k=1,\ldots,m).$$

Mit Hilfe des Vektors $\bar{p}^t = (\bar{p}_1^t,\ldots,\bar{p}_m^t)$ korrigiert die Zentrale die Preise:

$$p^{t+1} = p^t + \beta^t(\bar{p}^t - p^t), \quad 0 < \beta^t < 1. \tag{13}$$

Da $0 \leq p_k^t \leq r_k$, wird gemäß (13) der Preis p_k^t erhöht, wenn die Einheiten ungenügend an der Herstellung des Produktes k interessiert sind (d.h. wenn $q_k^t < 0$), andernfalls wird p_k^t gesenkt oder beibehalten.

5. Die Anfangsvektoren müssen den Bedingungen $p^1 \geqq 0$ und $y_i^o \in Y_i$ $(i=1,\ldots,n)$ genügen. Da das ziemlich schwache Forderungen sind (es wird z. B. nicht die Bilanziertheit des Planes y^o vorausgesetzt), können Informationen über die Realisierung des vorangegangenen Planes und über Plan- und Preisprognosen leicht in die Anfangskennziffern einfließen.

6. Wenn Y_i $(i=1,\ldots,n)$ konvexe Polyeder sind und

$$\lim_{t\to\infty} \alpha^t = 0, \quad \sum_{t=1}^{\infty} \alpha^t = \infty, \beta^t = \alpha^t \quad (t=1,2,\ldots)$$

gilt, konvergieren die Folgen $\{y^t\}$ und $\{p^t\}$ jeweils zu den Mengen Y^* und P^*.[22] Den Grad der Annäherung an das Optimum kann man mit Hilfe der Größe

$$\varrho^t = \sum_{k=1}^{m} p_k^t |q_k^t|$$

abschätzen. Sie bringt die Unausgeglichenheit des Planes y^t zum Ausdruck, die mit Hilfe der Preise p_k^t bewertet wurde.

7. In der Regel sind die Pläne y^t und $\bar{y}^t$ nicht bilanziert. Damit entsteht bei der Ausarbeitung des Endplanes fast die gleiche Situation wie bei der Methode der äußeren Approximation.

Die in Punkt 7 des Abschnittes 2.2. vorgeschlagenen zwei Möglichkeiten zur Bestimmung des Endplanes können deshalb auch hier angewendet werden. Bei der zweiten Variante ist zu beachten, daß

$$q_k^t = \sum_{i=1}^{n} y_{ki}^t - a_k \ (k=1,\dots, m).$$

8. Die ökonomische Interpretation des beschriebenen Prozesses geht gewöhnlich von der Darstellung der Aufgabe (2) in der Form eines Spiels mit n + 1 Teilnehmern (n Einheiten und der Zentrale) aus.[23] Jede Einheit maximiert im Iterationsschritt t die Gewinnfunktion

$$y_{oi} + \sum_{k=1}^{m} p_k^t y_{ki},$$

d.h., sie bestimmt den Plan $\bar{y}_i^t$. Die Zentrale kann Preise in den Grenzen $0 \leq p_k \leq r_k$ festlegen, ist aber verpflichtet, zu den von ihr vorgegebenen Preisen die gesamte produzierte Menge aufzukaufen und die benötigten Ressourcen bereitzustellen. Folglich wird die Zentrale Preise $\bar{p}^t$ bestimmen, für die das Minimum der Verlustfunktion

$$\sum_{k=1}^{m} p_k \left(\sum_{i=1}^{n} y_{ki}^t \right) = \sum_{k=1}^{m} p_k q_k^t$$

auf der Menge

$$\bar{P} = \left\{ p \in R^m \,\middle|\, 0 \leq p_k \leq r_k,\ k=1,\dots,m \right\}$$

erreicht wird. Die Wichtung der früheren Pläne mit den neuen "Antworten der Spieler" wird nach den für Spielprozesse typischen Formeln

$$y^t = (1-\alpha^t)\, y^{t-1} + \alpha^t \bar{y}^t ,$$

$$p^{t+1} = (1-\beta^t)\, p^t + \beta^t \bar{p}^t ,$$

vorgenommen, die mit (12) und (13) übereinstimmen.

Es war hier unumgänglich, solche Begriffe wie Kauf und Verkauf zu verwenden. Das sollte jedoch bei der Beschreibung des Planungsprozesses vermieden werden, da überhaupt kein realer Austausch stattfindet. Es wird deshalb nochmals unterstrichen, daß der Planungsprozeß lediglich ein Prozeß des Informationsaustausches ist, der nicht von realen Produktenströmen begleitet wird.

In den folgenden Ausführungen wird eingehender betrachtet, auf welche Angaben sich die Einheiten und das zentrale Planungsorgan bei der Korrektur ihrer Plankennziffern y_i^{t-1} und p^t stützen. Das Maß der Veränderung der Vektoren y^{t-1} und p^t hängt von den Parametern α^t, β^t und den Differenzen $\bar{y}^t - y^{t-1}$, $\bar{p}^t - p^t$ ab. Da die lokale Zielfunktion in (11) linear ist, gehört $\bar{y}^t$ in der Regel der Grenze der Menge Y an. Um die Lösbarkeit von (11) zu gewährleisten, muß also Y beschränkt sein, was meistens durch die Einbeziehung künstlicher Restriktionen $|y_{ki}| \leq R_k$ $(k=0, 1, \dots, m,\ i=1, \dots, n)$ erreicht wird. Folglich hängen die Differenzen $\bar{y}^t - y^{t-1}$ und $\bar{p}^t - p^t$ hauptsächlich von den Zahlen r_k und R_k ab, die weitgehend willkürlich bestimmt werden. Diese Willkür überträgt sich natürlich automatisch auf die Differenzen $\bar{y}^t - y^{t-1}$, $\bar{p}^t - p^t$ und somit auf das Maß der Veränderung der Pläne y_i^{t-1} und der Preise p^t.

Es ist bekannt, daß bei optimalen Preisen $p^* \in P^*$ die Planvorschläge

$$\bar{y}_i = \arg \max_{y_i \in Y_i} \left\{ y_{oi} + \sum_{k=1}^{m} p_k^* \; y_{ki} \right\} \quad (i=1, \dots, n)$$

nicht unbedingt einen optimalen Plan der Volkswirtschaft ergeben. Mit anderen Worten, die Größen $(\bar{y}^t - y^{t-1})$ und $(\bar{p}^t - p^t)$ konvergieren in der Regel nicht gegen Null. Folglich gestatten die Differenzen $\bar{y}^t - y^{t-1}$ und $\bar{p}^t - p^t$ lediglich qualitative Schlüsse darüber, ob in Abhängigkeit vom Vorzeichen der Größen

$(\bar{y}^t_{ki} - y^{t-1}_{ki})$ und $(\bar{p}^t_k - p^t_k)$ der Planvorschlag y^{t-1}_{ki} und der Preis p^t_k erhöht oder gesenkt werden müssen. Das quantitative Maß einer solchen Veränderung wird aber mehr oder weniger willkürlich festgelegt.

Betrachtet man den typischen Fall $\alpha^t = \frac{1}{t+1}$, dann gilt gemäß (12) bis (13)

$$y^t_i = \frac{1}{t+1} \left(\sum_{\tau=1}^{t} \bar{y}^{\tau}_i + y^o_i \right) \quad (i=1,\dots,n)$$

und

$$p^{t+1} = \frac{1}{t+1} \left(\sum_{\tau=1}^{t} \bar{p}^{\tau} + p^1 \right).$$

Der Planvorschlag y^t_i stellt also das statistische Mittel aller Pläne $\bar{y}^{\tau}_i$ dar, die im Verlaufe des Prozesses von den Wirtschaftseinheiten ausgearbeitet wurden. Folglich besitzen die Vektoren $\bar{y}^t_i$ unabhängig von dem Index der Iteration etwa den gleichen Informationsgehalt. Nicht die Planprojekte $\bar{y}^{\tau}_i$ ergeben direkt den Volkswirtschaftsplan, sondern ein ökonomisch kaum deutbarer Mechanismus ihrer Wichtung. Aus den beiden Gleichungen folgt außerdem, daß sich die Nähe der Anfangsvektoren y^o und p^1 zum Optimum kaum auf die Zahl der Iterationen des Prozesses auswirkt. Selbst wenn $p^1 \in P^*$ gilt, kann man mit Hilfe einer einzigen Iteration in der Regel nicht feststellen, ob man sich im optimalen Zustand befindet oder nicht. Unabhängig von Anfangsinformationen kann der Prozeß nur nach einer genügend großen Anzahl von Itera- in die Nähe des Optimums gelangen.

Die Grundidee des Prozesses (12) bis (13) beruht auf der Methode des fiktiven Abspielens.[24] Um den Prozeß (12) bis (13) besser zu verstehen, soll sie jetzt hier kurz erläutert werden. Die Methode des fiktiven Abspielens geht von einem antagonistischen Spiel mit der Gewinnfunktion

$$\sum_{i=1}^{n} \sum_{j=1}^{l} x_i a_{ij} y_j$$

aus. Wählen die Spieler jeweils die reinen Strategien $i_o \in \{1,2,\dots,n\}$ und $j_o \in \{1,2,\dots,l\}$, gilt $x_i = 0 \forall i \neq i_o$, $x_{i_o} = 1$, $y_j = 0 \forall j \neq j_o$, $y_{j_o} = 1$, und der Gewinn des ersten Spielers, der dem Verlust des zweiten entspricht, beträgt

$a_{i_o j_o}$. In der Regel wird die Lösung des Spiels für gemischte Strategien erreicht, d.h. für Vektoren $x = (x_1, \ldots, x_n) \geqq 0$ und $y = (y_1, \ldots, y_l) \geqq 0$, die den Bedingungen

$$\sum_{i=1}^{n} x_i = 1 \text{ und } \sum_{j=1}^{l} y_j = 1$$

genügen. Die Variablen x_i und y_j geben dabei an, mit welcher Wahrscheinlichkeit die Spieler die Strategien i und j wählen.

In der Praxis können zu einem bestimmten Zeitpunkt nur reine Strategien verwirklicht werden, d.h., gemischte Strategien ergeben sich nur als Mittelwert einer zeitlichen Folge reiner Strategien. Davon geht auch die Methode des fiktiven Abspielens aus. Verwendete der zweite Spieler die j-te Strategie nach t Iterationen q_j^t mal, also mit der Wahrscheinlichkeit $y_j^t = \frac{1}{t} q_j^t$, wählt der erste Spieler die Strategie i, für die die Summe

$$\sum_{j=1}^{l} a_{ij} y_j^t$$

den maximalen Wert erreicht. Analog bestimmt der zweite Spieler, ausgehend von der Wahrscheinlichkeitsverteilung $x_i^t = \frac{1}{t} p_i^t$, seine Strategie ($p_i^t$ gibt dabei an, wie oft der erste Spieler die Strategie i wählte).

Die Logik der Methode des fiktiven Abspielens ist sehr eng mit dem qualitativen Unterschied zwischen reinen und gemischten Strategien verbunden. Wenn aber, wie es beim Prozeß (12) bis (13) der Fall ist, die Methode des fiktiven Abspielens bei der Lösung linearer Optimierungsaufgaben angewendet wird, geht der qualitative Unterschied zwischen reinen und gemischten Strategien verloren. Die Vektoren $\bar{y}_i^t$ und y_i^t sind in gleicher Weise Pläne der Einheit i. Die Bestimmung der "reinen" Strategien $\bar{y}^t$ und $\bar{p}^t$ wird deshalb im wesentlichen künstlich durch die Zahlen R_k und r_k herbeigeführt. Deshalb verlieren die Formeln (12) bis (13) ihren ursprünglichen Sinn (Bestimmung der relativen Häufigkeit der angewendeten reinen Strategie) und sind nur noch schwer interpretierbar.

Zusammenfassend kann man feststellen, daß die rein technische Übertragung der Methode des fiktiven Abspielens auf lineare Optimierungsaufgaben zu einer

Verwischung ihres ursprünglichen Sinngehalts führt. Das kommt unter anderem durch die Einbeziehung künstlicher Elemente (z.B. der Schranken R_k und r_k) zum Ausdruck. Für die Methode des fiktiven Abspielens sind Schwankungen um das Optimum charakteristisch, wobei die Amplitude dieser Schwankungen im Verlaufe des Prozesses nicht abnimmt. Deshalb ist die Methode des fiktiven Abspielens bei der Modellierung des Planungsprozesses wenig geeignet, da sich die von den Einheiten ausgearbeiteten Pläne $\bar{y}_i^t$ im Planungsprozeß an das Optimum annähern sollen und nichtabklingende Schwankungen unerwünscht sind.

3.2. Limitierende Planauflagen der Zentrale und ihre Korrektur

Einer der wesentlichsten Nachteile des in Abschnitt 3.1. beschriebenen Prozesses besteht darin, daß die Preise das einzige Instrument der Plankoordinierung sind. Preisveränderungen müssen deshalb in jedem Iterationsschritt vorgenommen werden, wobei die Preise großen Schwankungen unterliegen.
Im folgenden Modell des Planungsprozesses werden zur Koordinierung der Pläne der Wirtschaftseinheiten ausschließlich limitierende Planaufgaben des zentralen Planungsorgans verwendet. Die entsprechende Methode wurde erstmals von Kornai und Liptak vorgeschlagen.[25] Da der spieltheoretischen Darstellungsweise der Methode von Kornai und Liptak Mängel anhaften (vgl. Punkt 8 des Abschnittes 3.1.), wird hier eine andere Beschreibung dieser Methode gewählt.

1. Zu Beginn der Iteration t (t=0, 1,...) übermittelt die Zentrale den Wirtschaftseinheiten die Planaufgaben u_i^t (i=1,...,n), die bilanziert sind, d.h. $\sum_{i=1}^{n} u_i^t = 0$.

2. Danach betrachtet jede Einheit die Aufgabe

$$\max\left\{ y_{oi} \,\middle|\, y_{ki} \geq u_{ki}^t,\ k=1,\dots,m,\ y_i \in Y_i \right\} \tag{14}$$

und bestimmt den zu ihr gehörigen Vektor der optimalen dualen Bewertungen $p_i^t \in R_+^m$ der Restriktionen $y_{ki} \geq u_{ki}^t$ (k=1,...,m). Es sei

$$\Phi_i(u_i) = \max\left\{ y_{oi} \,\middle|\, y_{ki} \geq u_{ki},\ k=1,\dots,m,\ y_i \in Y_i \right\}.$$

Da $-p_i^t$ der Subgradient der Funktion $\Phi_i(u_i)$ im Punkt u_i^t ist, zeigt p_{ki}^t annähernd den Zuwachs der Zielfunktion y_{oi} bei der Verminderung der Aufgabe u_{ki}^t um eine Einheit an. Der Vektor p_i^t bringt somit zum Ausdruck, mit welcher Effektivität die Einheit i beim Plan u_i^t die Produkte k=1,...,m herstellt oder verbraucht.

3. Die Wirtschaftseinheiten teilen dem zentralen Planungsorgan die Kennziffern p_i^t mit.

4. Die Aufgabe der Zentrale besteht in der Ermittlung solcher Planauflagen u_i, deren Erfüllung mit gleichen Effektivitätskennziffern bei allen Einheiten verbunden ist. Mit diesem Ziel korrigiert das zentrale Planungsorgan die Vektoren u_i^t mit Hilfe der Formeln

$$u_i^{t+1} = u_i^t - \alpha^t \left(p_i^t - \frac{1}{n} \sum_{j=1}^{n} p_j^t\right), \alpha^t > 0. \tag{15}$$

Die Beziehung (15) besagt, daß die Planauflagen proportional zu der Abweichung der individuellen Effektivitäten p_i^t von der durchschnittlichen Effektivität

$$\frac{1}{n} \sum_{j=1}^{n} p_j^t$$

korrigiert werden. Folglich sinkt u_{ki}^t für die Einheiten, bei denen dabei der größte Zuwachs der Zielfunktion erwartet wird (d.h. für die die Kennziffer p_{ki}^t die größten Werte annimmt). Bei relativ kleinen Größen p_{ki}^t wird u_{ki}^t erhöht.

5. Der Anfangsvektor muß der Bedingung

$$u^o \in U = \left\{ u = (u_1,\dots,u_n) \,\middle|\, \sum_{i=1}^{n} u_i = 0 \right\}$$

genügen. Wenn z.B. y^o eine Prognose des zukünftigen Plans darstellt, kann man u^o wie folgt wählen:

$$u^o_{ki} = y^o_{ki} - \frac{1}{n} \sum_{j=1}^{n} y^o_{kj} \quad (k=1,\ldots,m,\ i=1,\ldots,n).$$

6. Wenn $\lim_{t \to \infty} \alpha^t = 0$ und $\sum_{t=0}^{\infty} \alpha^t = \infty$, konvergiert die Folge u^t zur Menge der optimalen Planauflagen:[26]

$$U^* = \left\{ u^* \in U \,\middle|\, \exists\, y^* \in Y^*: y^*_{ki} \geq u^*_{ki}\ ,\ k=1,\ldots,m,\ i=1,\ldots,n \right\}.$$

Dabei ist die summare quadratische Abweichung

$$\varrho^t = \sum_{i=1}^{n} \sum_{k=1}^{m} (p^t_{ki} - \frac{1}{n} \sum_{j=1}^{n} p^t_{kj})^2$$

der individuellen Effektivitäten p^t_{ki} von den mittleren $\frac{1}{n} \sum_{j=1}^{n} p^t_{kj}$ ein Maß für die Annäherung an das Optimum.

7. Wenn die Menge $\left\{ y_i \in Y_i \,\middle|\, y_{ki} \geq u^T_{ki},\ k=1,\ldots,m \right\}$ für beliebiges i nichtleer ist, kann als Endplan der Vektor $u^T = (u^T_1, \ldots, u^T_n)$ gewählt werden, da er bilanziert und technologisch realisierbar ist.

8. Bei der Darlegung der Kornai-Liptak-Methode geht man oft von dem globalen Modell

$$\max \left\{ \sum_{i=1}^{n} (c_i, x_i) \,\middle|\, \sum_{i=1}^{n} A_i x_i \leqq b,\ x_i \in X_i,\ i=1,\ldots,n \right\} \qquad (16)$$

aus.[27]

Dabei bedeuten:

x_i - das Volumen der von i hergestellten Produkte,

c_i - die Preise dieser Produkte,

$A_i x_i$ - das Volumen der benötigten Ressourcen.

Im Modell (16) wird nicht berücksichtigt, wo und wie die Ressourcen b produziert und die Güter x_i konsumiert werden. Deshalb kann (16) nur ein Subsystem der Volkswirtschaft darstellen, z.B. einen Zweig. Das Ziel der Aufgabe (16) besteht lediglich in einer optimalen Ressourcenverteilung.

Bei so einer Problemstellung ist es nicht schwer, die Lösbarkeit der Aufgaben der Wirtschaftseinheiten

$$\max\left\{(c_i, x_i) \,\middle|\, A_i x_i \leq u_i,\ x_i \in X_i\right\} \tag{17}$$

zu garantieren. Unter den Voraussetzungen $0 \in X_i$ und $u_i \geqq 0$ besitzt die Aufgabe (17) immer einen zulässigen Vektor. Gewöhnlich enthalten die Mengen X_i den Nullvektor. Wenn außerdem $b \geqq 0$ und $A_i x_i \geqq 0 \,\forall\, x_i \in X_i$ gilt, kann man ohne Schwierigkeiten im gesamten Prozeßverlauf solche Vektoren $u = (u_1, \ldots, u_n)$ ermitteln, die der Bedingung $u_i \geqq 0$ $(i=1, \ldots, n)$ genügen.

In den Aufgaben der Wirtschaftseinheiten (14) werden vom zentralen Planungsorgan nicht nur Limits für den Verbrauch von Ressourcen vorgegeben, sondern auch Auflagen für die Herstellung von Produkten. In so einem Fall ist es sehr schwer, die Lösbarkeit der Aufgaben (14) zu gewährleisten. In der Praxis der Volkswirtschaftsplanung ist die Ausarbeitung eines bilanzierten und technologisch realisierbaren Plans ein äußerst schwieriges Problem. Außerdem gibt es keine Kriterien, um die technologische Realisierbarkeit des Plans u^t a priori festzustellen. Das ist nur nach seiner unmittelbaren Überprüfung durch die Wirtschaftseinheiten möglich. Darin besteht der Hauptwiderspruch des dargelegten Prozesses: Einerseits will sich die Zentrale bei der Korrektur der Planauflagen nicht auf umfassende und konkrete Informationen über die technologischen Mengen stützen und lediglich die Kennziffern p_i^t verwenden, andererseits kann aber so die Lösbarkeit der Aufgaben (14) und somit die Funktionsfähigkeit des gesamten Prozesses nicht automatisch garantiert werden.

Ein anderer Nachteil der Kornai-Liptak-Methode besteht darin, daß die Bestimmung der optimalen dualen Bewertungen p_i^t in der Praxis meist mit erheblichen Schwierigkeiten verbunden ist. Oft besitzen die Wirtschaftseinheiten kein formalisiertes Modell ihrer Produktionsprozesse. In diesem Fall ist es einfacher, verschiedene Planvarianten mit Hilfe eines bestimmten Zielkriteriums zu vergleichen und die optimale Variante auszuwählen (wie es z. B. im Abschnitt 3.1. geschieht), als die dualen Bewertungen p_i^t zu ermitteln.

Da die Funktion $\Phi_i(u_i)$ in bestimmten Punkten nicht differenzierbar ist, sind die Bewertungen p_i^t in der Regel nicht eindeutig bestimmt, d.h., die Existenz vieler verschiedener Bewertungsvektoren p_i^t für ein und dieselbe Planaufgabe u_i^t ist möglich. Außerdem können sich die Kennziffern p_i^t bei kleinen Variationen des Vektors u_i^t sprungartig verändern. Deshalb ist ihre quantitative Aussagekraft in Frage gestellt; sie gestatten in erster Linie nur qualitative Rückschlüsse. Um das quantitative Maß der Veränderung von u_i^t zu ermitteln, werden Bewertungen benötigt, die mindestens stetige Funktionen von u_i sind.

Die schwache Aussagekraft der Bewertungen p_i^t kommt auch noch darin zum Ausdruck, daß bei optimalen Planauflagen $u^t \in U^*$ die Bewertungen p_i^t nicht unbedingt der Menge der optimalen Bewertungen P^* angehören müssen und in der Regel nicht $p_j^t = p_i^t \; \forall \; i, j$ gilt.

3.3. Strafen bei der Abweichung vom Planvorschlag der Zentrale

Wie im Abschnitt 3.2. festgestellt wurde, ist es bei limitierenden Planauflagen nur schwer möglich, automatisch die Lösbarkeit der lokalen Aufgaben (14) zu garantieren. Das liegt daran, daß die Wirtschaftseinheiten bei der Lösung von (14) einen zu kleinen Spielraum haben, der oft so weit eingeengt ist, daß (14) keinen zulässigen Vektor besitzt. Da in der Planungspraxis nur für einige wichtige Positionen naturale Planauflagen zentral vorgegeben werden, während Herstellung und Verbrauch der übrigen Produkte hauptsächlich durch Preise und aggregierte Plankennziffern (industrielle Warenproduktion u.a.) bestimmt wird, besitzen die Wirtschaftseinheiten bei der Ausarbeitung ihrer Planprojekte einen größeren Spielraum als bei dem im Abschnitt 3.2. dargelegten Planungsprozeß. Aber auch bei einer kleineren Zahl der zentral vorgegebenen Plankennziffern bleibt das Problem bestehen, ob die Aufgaben der Einheiten lösbar sind. Die Ausarbeitung eines technologisch realisierbaren Planprojekts ist oft nur unter Nichteinhaltung bestimmter zentral vorgegebener Planauflagen möglich, was auch für die Planungspraxis typisch ist. Werden jedoch Abweichungen von den Plankennziffern der Zentrale zugelassen, muß man die Planauflagen bei der Ausarbeitung des Planvorschlags der Wirtschaftseinheiten in gewisser Weise berücksichtigen, da sonst die Plankennziffern der Zentrale ihren Einfluß verlieren.

Im vorliegenden Abschnitt sind deshalb bei Abweichungen von den Planauflagen der Zentrale "Strafen" einzuführen, die unmittelbar im Optimalitätskriterium berücksichtigt werden. Solche "Strafen" verfolgen das Ziel, die von vielen Ökonomen geforderte und in der UdSSR seit 1978 verwirklichte materielle Stimulierung der Einhaltung von Lieferverträgen und der zentral vorgegebenen Sortimentsstruktur modellmäßig abzubilden.

1. Zu Beginn der Iteration t (t=0, 1, 2, ...) teilt die Zentrale den Wirtschaftseinheiten den bilanzierten Plan $u^t \in U$ und den Strafkoeffizienten $K^t > 0$ mit.

2. Der Plan u^t ist für die Wirtschaftseinheit i keine limitierende Planauflage, sondern ein Planvorschlag der Zentrale, von dem Abweichungen durchaus möglich sind. Es ist also von der Forderung $y_{ki} \geq u^t_{ki}$ (vgl. (14)), die strikte Einhaltung der vorgegebenen Plankennziffern bedeutet, abzugehen und auch der Fall $y_{ki} < u^t_{ki}$ zuzulassen. Nun erhebt sich die Frage, wie trotz alledem der von der Zentrale vorgegebene Plan u^t_i bei der Ausarbeitung des Planvorschlags durch Einheit i berücksichtigt wird. Das ist mit Hilfe von Straffunktionen $\lambda_{ki}(y_{ki}-u^t_{ki})$ möglich, die folgende Eigenschaften besitzen.[28]
Wenn $y_{ki} \geq u^t_{ki}$, gilt $\lambda_{ki}(y_{ki} - u^t_{ki}) = 0$. Bei Nichterfüllung von u^t_{ki}, d.h., wenn $y_{ki} < u^t_{ki}$, wird von der Zielfunktion der Wirtschaftseinheit y_{oi} der Betrag $\lambda_{ki}(y_{ki} - u^t_{ki}) > 0$ abgezogen. Um die Strafe für ein und dieselbe Abweichung variieren zu können, muß man $\lambda_{ki}(y_{ki} - u^t_{ki})$ zusätzlich noch mit dem positiven Strafkoeffizienten K^t multiplizieren. Die Aufgabe der Einheit i besteht also darin, einen Plan $y^t_i \in Y_j$ zu bestimmen, für den das Maximum der Funktion

$$S_i(y_i, u^t_i, K^t) = y_{oi} - \sum_{k=1}^{m} K^t \lambda_{ki}(y_{ki} - u^t_{ki})$$

erreicht wird.

Welche Eigenschaften muß $\lambda_{ki}(z_k)$ als Straffunktion besitzen (mit z_k wird dabei die Größe der Abweichung von der zentral vorgegebenen Plankennziffer bezeichnet: $z_k = y_{ki} - u_{ki}$)? Wie schon erwähnt wurde, gilt $\lambda_{ki}(z_k) = 0 \;\forall\; z_k \geq 0$ und $\lambda_{ki}(z_k) > 0 \;\forall\; z_k < 0$. Außerdem muß $\lambda_{ki}(z_k)$ im Intervall $(-\infty, 0)$ monoton fallend sein, d.h., mit Zunahme des Betrages der Abweichung erhöht sich auch die Strafe. Dabei darf der Zuwachs des Strafbetrages bei Erhöhung der Abweichung z_k um eine Einheit mit Anwachsen der Abweichung nicht sinken, d.h., die Ableitung $\lambda'_{ki}(z_k)$ soll eine nichtfallende Funktion oder $\lambda_{ki}(z_k)$ konvex sein. All diesen Bedingungen genügt z.B. die Funktion

$$\lambda_{ki}(z_k) = [z_k]^2_- = \begin{Bmatrix} z_k^2, & \text{wenn } z_k \leq 0 \\ 0, & \text{wenn } z_k \geq 0 \end{Bmatrix}.$$

3. Die Wirtschaftseinheiten teilen dem zentralen Planungsorgan ihre Planvorschläge y_i^t mit.

4. Die Abweichungen des Plans y_i^t von u_i^t zeigen, in welcher Richtung die Planauflagen der Zentrale korrigiert werden müssen. Da der Planvorschlag der Einheit y_i^t ihr ökonomisches Interesse ausdrückt, sollte angestrebt werden, u_i^{t+1} an y_i^t anzunähern. Dabei muß jedoch die Ausbilanziertheit des neuen Plans u^{t+1} garantiert werden. Diesen Anforderungen genügt die Lösung der Aufgabe

$$\min_{u \in U} \left\{ \sum_{i=1}^{n} \sum_{k=1}^{m} \lambda_{ki} (y_{ki}^t - u_{ki}) \right\}. \tag{18}$$

Es seien beliebige positive Zahlen d_{ki} gegeben, die den Bedingungen

$$\sum_{i=1}^{n} d_{ki} = 1 \quad (k=1,\ldots,m)$$

genügen. Für die Funktionen $\lambda_{ki}(z_k)$ der speziellen Form

$$\lambda_{ki}(z_k) = d_{ki}\, \lambda_k \left(\frac{1}{d_{ki}} z_k\right) \tag{19}$$

erhält man folgende Lösung der Aufgabe (18):

$$u_{ki}^{t+1} = y_{ki}^{t} - d_{ki} \sum_{j=1}^{n} y_{kj}^{t} \quad (i=1,\ldots,n,\ k=1,\ldots,m). \qquad (20)$$

Wenn mit d_{ki} das spezifische Gewicht der Einheit i am Gesamtvolumen des Produktes k bezeichnet wird, erhält (20) einen klaren ökonomischen Sinn: der Planvorschlag y_{ki}^{t} der Einheit i wird um den Teil der Unausgeglichenheit $\sum_{i=1}^{n} y_{ki}^{t}$ des Planes y^{t} verändert, der dem spezifischen Gewicht von i bei der Produktion oder dem Verbrauch des Produktes k entspricht. Wenn z. B. die hergestellte Menge des Produktes den Bedarf nicht befriedigt (d. h.

$$\sum_{j=1}^{n} y_{kj}^{t} < 0),$$

gilt gemäß (20)

$$u_{ki}^{t+1} > y_{ki}^{t},$$

d. h., allen Produzenten des Gutes k wird der Plan erhöht und allen Verbrauchern gesenkt.

Als Straffunktion des Typs (19) kann man z. B.

$$\lambda_{ki}(z_k) = \frac{1}{d_{ki}} [z_k]_{-}^{2}$$

verwenden. Die Größe der Strafe wird demnach umgekehrt proportional dem spezifischen Gewicht d_{ki} der Einheit i bei der Produktion und der Verwendung des Erzeugnisses k festgelegt. Solch eine Regelung ist durchaus sinnvoll, da für Einheiten mit großem spezifischen Gewicht offensichtlich stärkere Abweichungen der Kennziffer y_{ki}^{t} von u_{ki}^{t} als für kleinere Wirtschaftseinheiten zu erwarten sind. Die Straffunktion $\lambda_{ki}(z_k) = [z_k]_{-}^{2}$ würde für große Einheiten im Vergleich zu kleineren keine erheblichen Abweichungen $z_k = y_{ki} - u_{ki}$ zulassen und deshalb den Spielraum der großen Wirtschaftseinheiten bei der Ausarbeitung von Planprojekten unverhältnismäßig einengen.

Es sollen nun die Funktionen

$$\sigma_i (u_i, K) = \max_{y_i \in Y_i} S_i (y_i, u_i, K)$$

und die Kennziffern

$$E^t_{ki} = \frac{\delta}{\delta u_{ki}} \sigma_i (u^t_i, K^t) \; (k=1,\ldots,m, \; i=1,\ldots,n)$$

betrachtet werden. Wenn die Funktionen $\lambda_{ki} (z_k)$ differenzierbar sind, gilt

$$E^t_{ki} = K^t \lambda'_{ki} (y^t_{ki} - u^t_{ki}).$$ [29]

Die Kennziffer E^t_{ki} bringt laut Definition den Zuwachs der Funktion $\sigma_i (u_i, K)$ bei der Steigerung der Planauflage u^t_{ki} um eine Einheit zum Ausdruck. Da die Aufgabe der Zentrale in der Bestimmung eines Plans u besteht, der den Betrag

$$\sum_{i=1}^{n} \sigma_i (u_i, K)$$

maximiert, kann das zentrale Planungsorgan folgende Korrektur vornehmen: Für Einheiten mit den größten Werten E^t_{ki} wird u^t_{ki} erhöht und für die mit den kleinsten E^t_{ki} wird u^t_{ki} gesenkt. Diese weitere Möglichkeit der Korrektur von u^t kann mit Hilfe folgender Formel durchgeführt werden:

$$u^{t+1}_{ki} = u^t_{ki} + \alpha^t (E^t_{ki} - \frac{1}{n} \sum_{j=1}^{n} E^t_{kj}) \; (k=1,\ldots,m, \; i=1,\ldots,n). \qquad (21)$$

Da

$$\lambda_{ki} (z_k) \leq 0 \; \forall \; z_k,$$

gilt $E^t_{ki} \leq 0$. Das bedeutet, daß die Funktion $\sigma_i (u_i, K)$ nicht wächst, wenn der Plan u^t_{ki} erhöht wird. Gemäß (21) wird also der Plan u^t_{ki} für die Einheiten am meisten erhöht, deren Abweichungen von u^t_{ki} am kleinsten sind.

Neben den Planauflagen stellt der Strafkoeffizient K^t ein weiteres Instrument der Plankoordinierung dar. In der Regel wird K^t von Iteration zu Iteration erhöht oder nicht verändert, d.h. $K^{t+1} \geq K^t$. Durch die Vergrößerung von K^t kann eine bessere Ausbilanziertheit des Volkswirtschaftsplanes erreicht werden.

5. Die Anfangskennziffern müssen den Bedingungen $K^0 > 0$ und $u^0 \in U$ genügen.

6. Unter bestimmten Voraussetzungen, die die Funktionen $\lambda_{ki}(z_k)$ und die Folgen $\{K^t\}, \{\alpha^t\}$ betreffen, kann die Konvergenz der Prozesse (20) und (21) bewiesen werden.[30] Dabei muß K^t gegen Unendlich streben.

7. Einen bilanzierten Endplan kann man mit Hilfe der in Punkt 7 des Abschnitts 2.2. beschriebenen Möglichkeiten bestimmen. Im zweiten Fall muß die Planaufgabe u^t der Menge

$$U' = \left\{ u \,\middle|\, \sum_{i=1}^{n} u_i = a \right\}$$

angehören. Die Formel (20) nimmt somit die Form

$$u_{ki}^{t+1} = y_{ki}^t - d_{ki} \left(\sum_{j=1}^{n} y_{kj}^t - a_k \right)$$

an, während für (21) lediglich $u^0 \in U'$ gefordert werden muß.

8. Im dargelegten Prozeß wird nicht die strikte Einhaltung der zentral vorgegebenen Plankennziffern zur Bedingung gemacht. Bei deren Nichterfüllung werden jedoch Strafen festgesetzt, die dem Maß der Verantwortlichkeit der Wirtschaftseinheit für die Einhaltung des zentralen Planvorschlags entsprechen. Diese Verantwortlichkeit wird also durch ein eindeutig bestimmtes Maß quantitativ festgelegt. Dabei ist zu berücksichtigen, daß es sich um einen Planungsprozeß handelt und deshalb keine realen Geldstrafen auftreten können. Die Funktion $\lambda_{ki}(y_{ki}-u_{ki})$ sind lediglich eine Möglichkeit, die Verantwortlichkeit der Wirtschaftseinheiten bei Abweichungen vom zentral vorgegebenen Plan modellmäßig abzubilden.

Für die Strafenmethode ist typisch, daß man sich im Verlaufe des Prozesses von außen der Menge der zulässigen Vektoren annähert. Es liegt deshalb in der Logik des vorher dargelegten Prozesses, daß y^t nicht bilanziert ist und in der Regel $y^t_{ki} < u^t_{ki}$ (k=1, ..., m, i=1, ..., n) gilt, d. h., die Pläne u^t_i meist nicht eingehalten werden. Damit der Plan y^t durch Verminderung der Abweichungen des Vektors y^t und u^t ausbilanziert werden kann, muß der Strafkoeffizient K^t gegen Unendlich streben. Das ist mit einer übermäßigen Erhöhung der Verantwortlichkeit der Wirtschaftseinheiten für die Erfüllung der zentral vorgegebenen Plankennziffern gleichzusetzen.

Der Strafenmethode liegt folgendes Bewertungsprinzip zugrunde. Der Betrag $-K^t \lambda'_{ki} (y^t_{ki} - u^t_{ki})$ bringt den Zuwachs von $S_i(y^t_i, u^t_i, K^t)$ bei der Erhöhung von y^t_{ki} um eine Einheit zum Ausdruck und kann deshalb als Preis interpretiert werden. Laut Definition ist aber dieser Preis bei Einhaltung der vorgegebenen Kennziffern (d. h. bei $y^t_{ki} \geq u^t_{ki}$) gleich Null, und die Einheiten sind nicht daran interessiert, einen solchen Fall anzustreben. Genauer gesagt, die Einheiten werden einen solchen Planvorschlag y^t_{ki} aufstellen, für den die Kennziffer $-K^t \lambda'_{ki} (y^t_{ki} - u^t_{ki})$ positiv ist und in etwa den Preisvorstellungen entspricht. Dieser Fall tritt aber nur bei Nichterfüllung des Planes u^t_{ki} ein, d. h. wenn $y^t_{ki} < u^t_{ki}$. Aus diesen Überlegungen wird auch klar, warum K^t gegen Unendlich streben muß, um die Ausbilanziertheit des Plans y^t zu erreichen. Da $-K^t \lambda_{ki_t} (y^t_{ki} - u^t_{ki})$ angenähert den Preis des Produktes k darstellt, kann $y^t_{ki} \geq u^t_{ki}$ nur dann erreicht werden, wenn $\lim_{t \to \infty} K^t = \infty$. Dabei gilt $\lim_{t \to \infty} -K^t \lambda'_{ki} (y^t_{ki} - u^t_{ki}) = p^*_k$ (k=1, ..., m) mit $p^* = (p^*_1, \ldots, p^*_m) \in P^*$.[31]

3.4. Plankoordinierung mit Hilfe von Preisen und zentral vorgegebener Naturalkennziffern

Der wichtigste Nachteil der Strafenmethode besteht darin, daß der gewöhnliche Preismechanismus fehlt. Deshalb kann die Bilanz nur dann erreicht werden, wenn der Strafkoeffizient sehr große Werte annimmt, d. h., der Verzicht auf Preise kann nur durch eine außerordentliche Erhöhung der Verantwortlichkeit der Wirtschaftseinheiten für die Einhaltung des zentral vorgegebenen Plans kompensiert werden. Dabei bleibt die Frage offen, wie solch eine Erhöhung der Verantwortlichkeit praktisch realisiert werden soll.

Diese negativen Seiten können ausgeräumt werden, wenn die Preise als Instrument der Plankoordinierung wieder eingeführt und mit dem Strafenmechanismus verknüpft werden. Solch eine Synthese ist mit Hilfe der modifizierten Lagrange-Funktionen möglich.[32] Dabei erhält man ein Modell des Planungsprozesses, in dem zentral vorgegebene Preise und Naturalkennziffern in ihrem wechselseitigen Verhältnis mit dem Ziel der Koordinierung der Planvorschläge der Wirtschaftseinheiten verwendet werden.

1. Zu Beginn der Iteration t $(t=0, 1, 2, \ldots)$ übermittelt das zentrale Planungsorgan den Wirtschaftseinheiten die Preise p^t und den bilanzierten Plan $u^t = (u_1^t, \ldots, u_u^t) \in U$.

2. Die Einheit i maximiert den Gewinn

$$y_{oi} + \sum_{k=1}^{m} p_k^t y_{ki},$$

aus dem aber bei Abweichungen von den Plankennziffern u_{ki}^t die Strafen $\lambda_{ki}(y_{ki} - u_{ki}^t, p_k^t)$ zu entrichten sind. Demnach bestimmt i einen Plan y_i^t, für den das Maximum der Gewinnfunktion

$$G_i(y_i, u_i^t, p^t) = y_{oi} - \sum_{k=1}^{m} p_k^t y_{ki} - \sum_{k=1}^{m} \lambda_{ki}(y_{ki} - u_{ki}^t, p_k^t)$$

erreicht wird. Hierbei ist λ_{ki} nicht nur eine Funktion der Abweichung $z_k = y_{ki} - u_{ki}$, sondern auch vom Preis p_k.

Im Punkt 2 des vorherigen Abschnittes wurde schon untersucht, welche Eigenschaften die Funktion $\lambda_{ki}(z_k, p_k)$ im Bereich $z_k \in (-\infty, 0)$, d.h. bei Nichterfüllung der zentral vorgegebenen Plankennziffer, besitzen muß. In diesem Fall treten die gewöhnlichen Strafen auf. Schwieriger ist es, die Eigenschaften der Funktion $\lambda_{ki}(z_k, p_k)$ bei Übererfüllung des zentralen Plans zu begründen. Die Strafenmethode berücksichtigt eine Übererfüllung überhaupt nicht, während jetzt die Bewertung mit Hilfe der Preise p_k^t erfolgt.

Bei Preisen p_k^t, die angenähert die objektiven Produktions- und Konsumtionsbedingungen der Erzeugnisse widerspiegeln, ist davon auszugehen, daß bei Überbietung der zentral vorgegebenen Kennziffern Überschüsse entstehen können, an denen die Verbraucher zu den Preisen p^t nicht interessiert sind. Folglich ist der Preis p_k^t bei Übererfüllung ein zu hohes Bewertungsmaß, d.h., von dem Betrag $p_k y_{ki}$ muß auch in diesem Fall die Strafe $\lambda_{ki}(y_{ki} - u_{ki}^t, p_k^t)$ abgezogen werden. Hieraus folgen bei $p_k > 0$ sogleich Eigenschaften von $\lambda_{ki}(z_k, p_k)$ als Funktion von z_k im Bereich $(0, \infty)$: $\lambda_{ki}(z_k, p_k)$ ist positiv, monoton wachsend und konvex. Außerdem darf der Anstieg von $\lambda_{ki}(z_k, p_k)$ den Preis p_k nicht übersteigen, d.h.

$$\frac{\delta}{\delta z_k} \lambda_{ki}(z_k, p_k) \leq p_k .$$

Wenn $p_k = 0$, muß also $\lambda_{ki}(z_k, 0) = 0$ für beliebiges nichtnegatives z_k gelten.

Aus dem ökonomischen Inhalt der Funktion $\lambda_{ki}(z_k, p_k)$ können auch noch weitere Eigenschaften von $\lambda_{ki}(z_k, p_k)$ abgeleitet werden. So ist es z.B. logisch zu fordern, daß die Strafe bei Überschreitung von u_{ki} kleiner sein soll als bei Nichterfüllung, d.h.

$$\lambda_{ki}(z_k, p_k) < \lambda_{ki}(-z_k, p_k), \ \forall \ z_k > 0, p_k > 0.$$

Außerdem muß bei festem z_k die Strafe $\lambda_{ki}(z_k, p_k)$ mit steigendem p_k anwachsen. Diesen Bedingungen genügt z.B. die Funktion

$$\lambda_{ki}(z_k, p_k) = p_k z_k - p_k Z_k - \frac{p_k}{K_{ki}} \ln(1 + K_{ki} z_k), \ K_{ki} > 0.$$

Mit Hilfe der Funktionen

$$\mu_{ki}(z_k, p_k) = p_k z_k - \lambda_{ki}(z_k, p_k) \tag{22}$$

kann man $G_i(y_i, u_i, p)$ in der Form

$$G_i (y_i, u_i, p) = y_{oi} + \sum_{k=1}^{m} p_k u_{ki} + \sum_{k=1}^{m} \mu_{ki} (y_{ki} - u_{ki}, p_k)$$

darstellen und dem Bewertungsmechanismus der Funktion $G_i (y_i, u_i, p)$ von einem anderen Gesichtspunkt aus betrachten. In $G_i (y_i, u_i, p)$ wird die dem Plan u_{ki} entsprechende Menge des Produktes k mit Hilfe des Preises p_k veranschlagt. Deckt sich der Planvorschlag y_{ki} nicht mit der Auflage u_{ki}, wird die zusätzliche (positive oder negative) Menge $y_{ki} - u_{ki}$ durch den variablen Preis $\nu_{ki} (z_k, p_k) = \frac{\delta}{\delta z_k} \mu_{ki} (z_k, p_k)$ bewertet. Aus den Eigenschaften der Funktion $\lambda_{ki} (z_k, p_k)$ und der Beziehung (22) folgt, daß $\nu_{ki} (z_k, p_k)$ als Funktion von z_k nichtnegativ und nichtanwachsend ist. Außerdem gilt:

$$\nu_{ki} (z_k, p_k) > p_k \quad \forall \quad z_k < 0, \quad \nu_{ki} (0, p_k) = p_k$$

und bei

$$p_k > 0 \quad \nu_{ki} (z_k, p_k) < p_k \quad \forall \quad z_k > 0.$$

Wenn also die Einheit i den Produktionsplan übererfüllt oder nicht die ganze zur Verfügung stehende Menge verbraucht $(y_{ki} > u_{ki})$, wird der Überschuß $y_{ki} - u_{ki}$ mit Hilfe eines variablen Preises veranschlagt, der kleiner als p_k ist. Bei Nichterfüllung des Produktionsplanes oder Überschreitung des Ressourcenlimits wird das Defizit $y_{ki} - u_{ki} < 0$ durch den variablen Preis $\nu_{ki} (z_k, p_k) > p_k$ bewertet und der entsprechende Betrag vom Gewinn abgezogen.

Zusammenfassend kann man feststellen, daß die Einheiten Planvorschläge y_i^t ausarbeiten, die von den Preisen p^t und den Planauflagen der Zentrale u_i^t abhängen. Die Gewinnfunktion $G_i (y_i, u_i^t, p^t)$ enthält zweierlei Elemente: die herkömmliche Stimulierung über die Preise p^t und die auf die Erfüllung der Planaufgabe u_i^t gerichtete Stimulierung. Die Funktion $\lambda_{ki} (y_{ki} - u_{ki}^t, p_k^t)$ drückt dabei das Maß der Verantwortlichkeit der Einheit i für die Einhaltung der Planauflage u_{ki}^t aus.

3. Die Planvorschläge y_i^t werden dem zentralen Planungsorgan mitgeteilt.

4. Die Aufgabe der Zentrale besteht in der Ausarbeitung eines optimalen Planes $u^* \in U^*$ und der Preise $p^* \in P^*$, die die Herstellung und den Verbrauch aller Produkte bilanzieren. Unter dieser Zielstellung können zur Korrektur von u^t folgende Formeln verwendet werden:

$$u_{ki}^{t+1} = y_{ki}^t - d_{ki} \sum_{j=1}^{n} y_{kj}^t \quad (i=1,\ldots,n,\ k=1,\ldots,m) \tag{23}$$

oder

$$u_{ki}^{t+1} = u_{ki}^t + \alpha^t \left(E_{ki}^t - \frac{1}{n} \sum_{j=1}^{n} E_{kj}^t\right) \quad (i=1,\ldots,n,\ k=1,\ldots,m), \tag{24}$$

wobei

$$E_{ki}^t = \frac{\delta}{\delta z_k} \quad \lambda_{ki}\,(y_{ki}^t - u_{ki}^t,\ p_k^t) = p_k^t - \nu_{ki}\,(y_{ki}^t - u_{ki}^t,\ p_k^t)$$

und $\alpha^t > 0$.

Die Beziehungen (23) und (24) werden mit unbedeutenden Modifikationen auf die gleiche Weise wie in Punkt 3 des Abschnittes 3.3. interpretiert. Dabei gibt E_{ki}^t an, um welchen Betrag der maximale Gewinn der Einheit i bei der Erhöhung der Planauflage u_{ki}^t um eine Einheit anwächst. Gemäß (24) werden also jenen Einheiten die Planaufgaben erhöht, bei denen im Endergebnis der höchste Gewinnzuwachs zu erwarten ist.

Es wird nun der Prozeß der Preisbildung betrachtet. Liegt ein Überangebot vor, d.h., ist

$$\sum_{i=1}^{n} y_{ki}^t$$

positiv, dann war man stärker an der Herstellung des Produktes k interessiert als an seiner effektiven Verwendung zum Preis p_k^t. Ist jedoch

$$\sum_{i=1}^{n} y_{ki}^{t}$$

negativ, gewährte der zu niedrige Preis p_k^t weder den Erzeugern eine ausreichende Rentabilität noch den sparsamen Einsatz des Produktes k durch seine Verbraucher. Zur besseren Bilanzierung der Planvorschläge der Wirtschaftseinheiten ist es deshalb angebracht, die Preise auf folgende Weise zu korrigieren:

$$p_k^{t+1} = \left[p_k^t - \beta^t \sum_{i=1}^{n} y_{ki}^t\right]_+ , \quad \beta^t > 0 \; (k=1,\ldots,m), \qquad (25)$$

wobei

$$[x]_+ = \max\{0 ; x\}.$$

Die Preise können auch in bestimmten Iterationsschritten unverändert gelassen und somit seltener als die Naturalkennziffern korrigiert werden.[33] Das kann eine Verminderung der Preisschwankungen zur Folge haben. Führt man einige Iterationen bei festen Preisen durch, stellt sich mit größerer Genauigkeit heraus, für welche Produkte und in welchem Maße ein Defizit oder eine Überproduktion besteht. Das ist wiederum Voraussetzung für eine begründetere Korrektur der Preise.

5. Die Anfangskennziffern müssen den Bedingungen $u^o \in U$ und $p^o \geqq 0$ genügen. Ihre Ausarbeitung ist somit nicht schwierig. Das erlaubt bei ihrer Bestimmung vielfältige Informationen zu nutzen.

6. Im Vergleich zu den in den Abschnitten 3.1. und 3.2. beschriebenen Prozessen besitzt die dargelegte Methode der Plankoordinierung gute Konvergenzeigenschaften.[34] Das drückt sich darin aus, daß α^t und β^t konstant gehalten werden können und nicht verkleinert werden müssen. Wenn (2) eine lineare Aufgabe darstellt, so konvergiert der Prozeß mit der Geschwindigkeit einer geometrischen Progression. Als Maß für die Annäherung an das Optimum kann die Größe

$$\varrho^t = \sum_{i=1}^{n} \sum_{k=1}^{m} |E_{ki}^t|$$

verwendet werden, da $\lim_{t \to \infty} \varrho^t = 0$ und $\varrho^t = 0$ dann und nur dann, wenn das Optimum erreicht ist, d.h. wenn $y^t \in Y^*$, $u^t \in U^*$ und $p^t \in P^*$.

7. Einen bilanzierten Endplan kann man mit Hilfe der im Punkt 7 des Abschnittes 2.2. beschriebenen zwei Möglichkeiten aufstellen.

8. Der geschilderte Planungsprozeß besitzt eine Reihe von Vorteilen gegenüber den Methoden, die entweder nur Preise oder nur Naturalkennziffern bei der Plankoordinierung verwenden. Die Kennziffern y_{ki}^t und E_{ki}^t geben nicht nur die Richtung, sondern auch das quantitative Maß der Veränderung von u^t und p^t an. Das kommt in der Stetigkeit von E_{ki}^t als Funktion von u_i^t und p^t und darin zum Ausdruck, daß α^t und β^t nicht gegen Null streben müssen. Auch kann man nach Lösung der Aufgaben für die Einheiten einschätzen, ob das Optimum erreicht ist oder nicht, was für die in den Abschnitten 3.1. und 3.2. beschriebenen Prozesse in der Regel nicht möglich ist. Wenn für alle k und i $E_{ki}^t = 0$ ist, gilt $y^t \in Y^*$, $u^t \in U^*$ und $p^t \in P^*$. Im Verlaufe des Prozesses (24) bis (25) kommt es zu einer völligen Übereinstimmung zwischen den zentral vorgegebenen Plankennziffern u_i^t und den Planvorschlägen der Wirtschaftseinheiten y_i^t. Es werden Preise festgesetzt, die Herstellung und Verbrauch der Produkte bilanzieren.

Der Prozeß (24) bis (25) nähert sich monoton dem Optimum an, d.h., der Abstand des Vektors (u^t, p^t) zur Menge $U^* \times P^*$ verringert sich mit jeder Iteration. Daraus folgt, daß die sorgfältige Auswahl des Anfangspunktes (u^0, p^0) unter Berücksichtigung aller nützlichen Informationen einen großen Einfluß auf die Zahl der notwendigen Iterationsschritte hat.

In der Funktion $G_i(y_i, u_i, p)$ kann der Einfluß der Preise p und der Planauflagen u_i unterschiedlich sein. Dieser Einfluß wird durch die Funktionen $\lambda_{ki}(z_k, p_k)$ bestimmt. Es sei z.B.

$$\lambda_{ki}(z_k, p_k) = K_k z_k^2, \quad K_k > 0, \text{ d.h.}$$

$$G_i(y_i, u_i, p) = y_{oi} + \sum_{k=1}^{m} p_k y_{ki} - \sum_{k=1}^{m} K_k (y_{ki} - u_{ki})^2.$$

Mit dem Anwachsen der Koeffizienten K_k erlangen die Plankennziffern u_{ki} eine größere Rolle, während der Einfluß der Preise schwindet. Mit Hilfe von theoretischen Überlegungen und praktischen Berechnungen gelang es, die Existenz solcher Werte K_k^* nachzuweisen, für die der vorher beschriebene Prozeß am schnellsten konvergiert.[35] Um den Planungsprozeß effektiv zu gestalten, muß also der Einfluß der Naturalkennziffern und der Preise im lokalen Optimalitätskriterium G_i (y_i, u_i, p) optimal aufeinander abgestimmt sein.

Manchmal wird vorgeschlagen, lokale Aufgaben der Form

$$\max \left\{ y_{oi} + \sum_{k=1}^{m} p_k^t \, y_{ki} \;\middle|\; y_{ki} \geq u_{ki}^t, \; k=1,\ldots,m, \; y_i \in Y_i \right\}$$

aufzustellen, um stimulierende Preise und limitierende Planauflagen gleichzeitig bei der Plankoordinierung zu nutzen.[36] Sollen p^t und u^t mit Hilfe der Primal- und Duallösung dieser Aufgaben und der Formeln (13) und (15) korrigiert werden, unterscheidet sich der dabei entstehende Prozeß in keiner Weise von dem in Abschnitt 3.2. beschriebenen. Da wegen $y_{ki}^t \geq u_{ki}^t$ die Summe

$$\sum_{i=1}^{n} y_{ki}^t$$

ständig nichtnegativ ist, wird die Formel (13) gegenstandslos. Der Mechanismus der planmäßigen Preisbildung kann nur dann effektiv funktionieren, wenn Abweichungen von den zentral vorgegebenen Plankennziffern u_{ki}^t sowohl nach unten als auch nach oben zugelassen werden. Nur so entstehen jene Rückkopplungen (z.B. in Form des Überangebots

$$\sum_{i=1}^{n} y_{ki}^t),$$

über die eine effektive Korrektur der Preise möglich wird.

Zusammenfassend kann man feststellen, daß in den Prozessen des vorliegenden Abschnitts die Zentrale als regulierendes Organ fungiert, das die Plankennziffern in Abhängigkeit von den auftretenden Rückkopplungen berichtigt.

Rückkopplungsinformationen liefern die Verhältnisse zwischen Herstellung und Verbrauch der Produkte sowie die Abweichungen der individuellen Effektivitäten bei der Produktion und Konsumtion der Güter von der durchschnittlichen volkswirtschaftlichen Effektivitätskennziffer. Deshalb sind für die im vorliegenden Abschnitt dargelegten Prozesse ausgeprägte Schwankungen der Preise und Naturalkennziffern typisch. Das Hauptziel des folgenden Kapitels besteht in der Untersuchung von Planungsprozessen, für die diese Schwankungen mit Hilfe iterativer Aggregation abgeschwächt und folglich bessere Konvergenzeigenschaften erwartet werden können.

4. Berücksichtigung des unterschiedlichen Aggregationsgrades der Plankennziffern im Planungsprozeß

In den Abschnitten 2 und 3 wurde von einem äußerst wichtigen Aspekt des Planungsmechanismus abstrahiert: In der Praxis werden bei der Ausarbeitung des Volkswirtschaftsplanes sowohl detaillierte (desaggregierte) als auch aggregierte Plankennziffern verwendet. Durch die Anwendung aggregierter Größen (z. B. der Kennziffer Warenproduktion) kann die Zahl der zentral vorgegebenen Kennziffern stark vermindert werden. Dann müssen jedoch zugleich neben vertikalen Mechanismen der Plankoordinierung auch horizontale Prozesse ablaufen. Letztere dienen der Ausarbeitung abgestimmter detaillierter Pläne der Wirtschaftseinheiten. Insgesamt müssen dabei die vertikalen und horizontalen Prozesse eine logische Einheit bilden, die zur Übereinstimmung aggregierter und desaggregierter Größen führt (vgl. Abschnitt 5.1.).

Da im vorliegenden Abschnitt (außer in Abschnitt 4.4.) keine horizontalen Mechanismen der Plankoordinierung betrachtet werden, kommt es in fast allen Prozessen zu keiner Verminderung der zentral vorgegebenen Plankennziffern. Trotzdem können Prozesse der iterativen Aggregation auch in rein vertikalen Planungsmechanismen eine bedeutende Rolle spielen. Durch Aggregation von Veränderlichen und Restriktionen der Aufgabe (2) kann ein aggregiertes Volkswirtschaftsmodell konstruiert werden, das im Gegensatz zu den in den Abschnitten 2.1. und 2.2. behandelten globalen Aufgaben mit den vorhandenen Rechenkapazitäten lösbar ist. Das dazu notwendige Datenmaterial wird im Verlaufe des iterativen Aggregationsprozesses angesammelt.

Aggregierte Volkswirtschaftsmodelle sind wichtige Instrumente des zentralen Planungsorgans. Mit ihrer Hilfe können verschiedene Aspekte analysiert und bestimmte Probleme gelöst werden, die nicht direkt in den Planungsprozeß eingehen. Außerdem können solche Modelle auch große Bedeutung für eine sachgemäßere Korrektur der Kennziffern im Planungsprozeß erlangen. Im Vergleich zu den im Abschnitt 3 dargelegten Prozessen nimmt der Mechanismus der Plankoordinierung einige neue Züge an. Das drückt sich darin aus, daß die aggregierten Kennziffern auf der Grundlage der Lösung des aggregierten Volkswirtschaftsmodells aufgestellt werden, während man die detaillierten Kennziffern innerhalb der Aggregate mit Hilfe der im Abschnitt 3 betrachteten Rückkopplungen korrigiert. Das Ziel einer solchen Organisation des Planungsprozesses besteht in der Verminderung der Schwankungen und in der Steigerung der Konvergenzgeschwindigkeit des Planungsprozesses.[37]

4.1. Aggregation der technologischen Prozesse

Eines der Hauptprobleme bei der Untersuchung von Planungsprozessen besteht in der Charakterisierung der Menge an Informationen, die zwischen den verschiedenen Ebenen fließen. Bisher wurden Prozesse betrachtet, in denen die Einheiten der Zentrale nach jeder Iteration den Plan $y_i^t \in Y_i$ übermitteln, d.h. nur einen Punkt der Menge Y_i. Um den Prozeß der Abstimmung der Plankennziffern zu beschleunigen, können auf folgende Weise mehr Informationen mitgeteilt werden.

Es sei $y_i^t \in Y_i$ ein Plan der Einheit i. Auf seiner Grundlage werden die Zahlen $\underline{\xi}_i^t$ und $\bar{\xi}_i^t$ bestimmt, die unendliche Werte annehmen können und folgender Bedingung genügen: $y_i^t \xi_i \in Y_i$ dann und nur dann, wenn

$$\xi_i \in \left[\underline{\xi}_i^t, \bar{\xi}_i^t\right].$$

Es ist verständlich, daß

$$\underline{\xi}_i^t \leq 1 \leq \bar{\xi}_i^t \quad (i=1,\dots,n).$$

Mit dem Plan y_i^t kann die Einheit der Zentrale auch die Kennziffern $\bar{\xi}_i^t$ und $\underline{\xi}_i^t$ übermitteln. Dadurch erfährt die Zentrale, um wieviel Mal die Einheit i ihr Produktionsprogramm y_i^t bei unveränderten Proportionen zwischen den In- und Outputs verschiedener Produkte steigern oder senken kann. Folglich steht in diesem Fall dem zentralen Planungsorgan nicht nur ein Punkt, sondern ein ganzer Abschnitt der Menge Y_i zur Verfügung. Werden alle Programme, die bei der Realisierung des Plans y_i^t angewendet werden, in einen Produktionsprozeß mit der Intensität

$$\xi_i \in \left[\underline{\xi}_i^t, \bar{\xi}_i^t\right]$$

vereinigt, spricht man von der Aggregation technologischer Prozesse.

Im weiteren wird ein Verfahren beschrieben, das limitierende Planauflagen mit der Aggregation technologischer Prozesse verbindet.[38]

1. Die Zentrale teilt den Wirtschaftseinheiten die Planauflagen u_i^t mit, wobei

$$u^t \in \bar{U} = \left\{ u = (u_1, \ldots, u_n) \,\middle|\, \sum_{i=1}^{n} u_i \geqq 0 \right\}.$$

2. Die Einheiten bestimmen die Primal- und Duallösung y_i^t und p_i^t der Aufgaben

$$\max \left\{ y_{oi} \,\middle|\, y_{ki} \geq u_{ki}^t,\ k=1,\ldots,m,\ y_i \in Y_i \right\}.$$

Danach werden die oben definierten Zahlen $\underline{\xi}_i^t$ und $\bar{\xi}_i^t$ ermittelt.

3. Die Kennziffern y_i^t, $\underline{\xi}_i^t$, $\bar{\xi}_i^t$ und p_i^t werden der Zentrale mitgeteilt.

4. Mit Hilfe dieser Informationen kann das zentrale Planungsorgan die aggregierten Produktionsprozesse

$$y_i = y_i^t \xi_i, \quad \xi_i \in \left[\underline{\xi}_i^t, \bar{\xi}_i^t\right]$$

betrachten, d.h., man erhält folgendes aggregiertes Modell der Volkswirtschaft:

$$\max\left\{\sum_{i=1}^{n} y_{oi}^{t}\,\xi_i \;\middle|\; \sum_{i=1}^{n} y_{ki}^{t}\,\xi_i \geq 0,\ k=1,\ldots,m,\right.$$

$$\left.\xi_i \in \left[\underline{\xi}_i^t,\ \overline{\xi}_i^t\right],\ i=1,\ldots,n\right\}. \tag{26}$$

Für jeden zulässigen Plan $\xi = (\xi_1,\ldots,\ \xi_n)$ von (26) stellt der Vektor $(y_1^t\,\xi_1,\ldots,\ y_n^t\ \xi_n)$ einen bilanzierten und technologisch realisierbaren Volkswirtschaftsplan dar. Ist $y^t \in Y^*$ und $\xi^t = (\xi_1^t,\ldots,\ \xi_n^t)$ die Lösung von (26), führt die Desaggregation wieder zu einem optimalen Plan, d.h. $(y_1^t\ \xi_1^t,\ldots,\ y_n^t\ \xi_n^t) \in Y^*$. Das gleiche kann jedoch nicht für den Vektor der optimalen Dualbewertungen von (26) behauptet werden. Selbst wenn $y^t \in Y^*$, ist dieser nicht unbedingt Element der Menge P^*. Folglich kann man in der Regel die Dualvariablen von (26) nicht als Wertkennziffern verwenden.

Die Zentrale bestimmt die Lösung $\xi^t = (\xi_1^t,\ldots,\ \xi_n^t)$ der Aufgabe (26). Die Größe von ξ_i^t gibt an, um wieviel Mal der Plan der Einheit y_i^t zu steigern oder zu senken ist. Folglich wird die neue Planauflage mit Hilfe der Formel

$$\bar{u}_{ki}^{t+1} = y_{ki}^t\ \xi_i^t \quad (k=1,\ldots,m,\ i=1,\ldots,n) \tag{27}$$

bestimmt. Der Übergang von ξ^t zu $\bar{u}^{t+1}$ soll Desaggregation des Planes ξ^t genannt werden.

Der Vektor $\bar{u}_i^{t+1}$ unterscheidet sich von y_i^t nur dadurch, daß alle Größen y_{ki}^t um das ξ_i^t-fache erhöht oder gesenkt werden. Deshalb ist zu erwarten, daß $\bar{u}_i^{t+1}$ die gleichen Dualbewertungen p_i^t wie u_i^t besitzt. Folglich bietet es sich an, noch eine Korrektur von $\bar{u}^{t+1}$ in Abhängigkeit von der Effektivität der Herstellung und des Verbrauchs der Produkte beim Plan $\bar{u}_i^{t+1}$ durchzuführen (vgl. Punkt 4 des Abschnittes 3.2.):

$$u^{t+1} = \Pr_{\overline{U}}\left((\bar{u}_1^{t+1} - \alpha^t p_1^t,\ldots,\ \bar{u}_n^{t+1} - \alpha^t p_n^t)\right), \tag{28}$$

wobei mit $\Pr_{\overline{U}}$ der Projektionsoperator auf die Menge $\overline{U}$ bezeichnet wird. Der

Plan u^{t+1} wird am Anfang der nächsten Iteration der unteren Ebene mitgeteilt.

5. Die Prozesse der Abschnitte 4.1. bis 4.3. beruhen auf der Vereinigung von Methoden des Abschnittes 3 mit der iterativen Aggregation. Deshalb kann man alle Angaben über den Anfangs- und Endplan in den entsprechenden Abschnitten 3.1. bis 3.4. finden.

6. Bisher gelang es nicht, die Konvergenz der in den Abschnitten 4.1. bis 4.4. dargelegten Prozesse allgemein zu beweisen. Es konnten nur einige Teilresultate erzielt werden.[39]

7. Gegenüber Abschnitt 3.2. wird der Mechanismus der Korrektur der limitierenden Planauflagen im vorliegenden Prozeß wesentlich modifiziert. Durch die Fixierung der Proportionen innerhalb der Pläne y_i^t kann die Zentrale das aggregierte Modell (26) konstruieren und die Kennziffern ξ_i^t bestimmen. Der Plan $(y_1^t \xi_1^t, \ldots, y_n^t \xi_n^t)$ ist dabei in der Regel besser als y^t, d.h., es gilt:

$$\sum_{i=1}^{n} y_{oi}^t \xi_i^t \geq \sum_{i=1}^{n} y_{oi}^t$$

und damit

$$\sum_{i=1}^{n} \Phi_i (u_i^t) \leq \sum_{i=1}^{n} \Phi_i (\bar{u}_i^{t+1}).$$

Wird als neue Planauflage gleich $\bar{u}_t^{t+1}$ gewählt, kann das zu einer Beibehaltung der alten Proportionen führen. Es ist also eine nachfolgende Korrektur von $\bar{u}^{t+1}$ mit Hilfe von (28) notwendig, um die Proportionen innerhalb des Vektors $\bar{u}_i^{t+1}$ zu verändern.

4.2. Aggregation der Produkte

Die Aufgabe (26) besitzt die gleiche Anzahl Restriktionen wie Modell (2). Durch die Aggregation der Produkte kann die Anzahl der Restriktionen vermindert werden. Hierzu wird die Menge der Produkte $\{1,\ldots,m\}$ so in Gruppen M_l ($l=1,\ldots,L$) zerlegt, daß $\bigcup_{l=1}^{L} M_l = \{1,\ldots,m\}$ und $M_l \cap M_{l'} = \emptyset$ $\forall\ l \neq l'$.

Aggregiert man die Produkte mit dem Index $k \in M_l$ mit Hilfe der Preise $p_k^t \geq 0$ ($k \in M_l$), verwandelt sich (2) in die Aufgabe:

$$\max\left\{\sum_{i=1}^{n} y_{oi} \;\middle|\; \sum_{k \in M_l} p_k^t\left(\sum_{i=1}^{n} y_{ki}\right) \geq 0,\ l=1,\ldots,L,\ y_i \in Y_i,\ i=1,\ldots,n\right\}. \tag{29}$$

Da (29) nicht in Teilaufgaben zerfällt, wird ein Prozeß der zentralen Preisbildung beschrieben, an dem die Einheiten nicht direkt teilnehmen. Die Darlegung wird deshalb vom üblichen Schema abweichen.

Ausgehend vom Preisvektor p^t bestimmt das zentrale Planungsorgan die Primal- und Duallösungen y^t und $\lambda^t = \left(\lambda_1^t,\ldots,\ \lambda_L^t\right)$ der Aufgabe (29). Dabei wird die globale Zielfunktion unter der Bedingung maximiert, daß der wertmäßig ausgedrückte Verbrauch des aggregierten Produkts l nicht seine Herstellung übersteigt. Die Größe λ_l^t gibt den Zuwachs der Zielfunktion (29) an, der durch eine zusätzliche Einheit des aggregierten Produkts l erzeugt wird. Für $p^t \in P^*$ ist λ^t mit $\lambda_l^t = 1$ ($l=1,\ldots,L$) Lösungsvektor von (29). Die Abweichung der Kennziffer λ_l^t von 1 gibt den wertmäßigen Nutzen einer Geldeinheit an, die zusätzlich für den Kauf von Produkten der Gruppe l verausgabt wird. Folglich müssen alle Preise der Gruppe l um das λ_l^t-fache erhöht oder gesenkt werden:

$$\bar{p}_k^{t+1} = \lambda_l^t\ p_k^t,\ k \in M_l. \tag{30}$$

Die Korrektur mit Hilfe von (30) läßt die Preisstruktur innerhalb jeder Gruppe unverändert. Deshalb ist noch ein Mechanismus zur Veränderung dieser Preisproportionen notwendig. Als Grundlage dafür kann das Verhältnis zwischen Erzeugung und Verbrauch der einzelnen Produkte dienen:

$$p_k^{t+1} = \left[\bar{p}^{t+1} - \alpha^t \sum_{i=1}^{n} y_{ki}^t \right]_+ \quad (k=1,\ldots,m). \tag{31}$$

Der Prozeß der Preisbildung wurde also in zwei miteinander verbundene Regelkreise aufgespalten. Durch die Lösung der aggregierten Aufgabe (29) wird das Verhältnis der Wertkennziffern zwischen den einzelnen Produktgruppen bei unveränderten Preisproportionen innerhalb der Gruppen bestimmt. Hierbei sind Herstellung und Verbrauch der aggregierten Produkte bilanziert, d.h.

$$\sum_{k \in M_l} p_k^t \left(\sum_{i=1}^{n} y_{ki}^t \right) \geq 0 \; (l=1,\ldots,L).$$

Bei den einzelnen Gütern in den Aggregaten können indes durchaus Bilanzstörungen auftreten. Deshalb ist eine zusätzliche Korrektur innerhalb jeder Gruppe erforderlich. Diese erfolgt durch eine gewöhnliche Rückkopplung in der Form des Überangebots. Preisberichtigungen gemäß (31) haben den Zweck, Lücken zwischen Aufkommen und Verbrauch der Produkte innerhalb der Gruppen M_l zu beseitigen.

Zum Schluß sei noch vermerkt, daß (29) nur zur iterativen Bestimmung optimaler Preise und nicht eines optimalen Planes geeignet ist. Selbst wenn $p^t \in P^*$, muß y^t nicht notwendig ein optimaler Plan der Aufgabe (2) sein.

4.3. Gleichzeitige Aggregation der technologischen Prozesse und der Produkte

Wenn man die im Abschnitt 3.4. beschriebene Methode mit der zweifachen Aggregation von Prozessen und Produkten verbindet, erhält man folgenden Prozeß:

1. Das zentrale Planungsorgan übermittelt der unteren Ebene die Preise p^t und den Plan $u^t \in U$.

2. Die Wirtschaftseinheiten bestimmen die Pläne

$$y_i^t = \arg \max_{y_i \in Y_i} G_i (y_i, u_i^t, p^t) \ (i=1,\dots,n).$$

3. Danach werden die Planvorschläge y_i^t zusammen mit den Grenzen $\underline{\xi}_i^t$ und $\bar{\xi}_i^t$ der Zentrale mitgeteilt.

4. Auf Grundlage der Pläne y_i^t und der Preise p^t aggregiert das zentrale Planungsorgan sowohl die technologischen Prozesse als auch die Produkte. Folglich erhält es das aggregierte Modell

$$\max \left\{ \sum_{i=1}^{n} y_{oi}^t \xi_i \;\middle|\; \sum_{k \in M_l} p_k^t \left(\sum_{i=1}^{n} y_{ki}^t \xi_i \right) \geq 0, l=1,\dots,L, \; \xi \in \Xi^t \right\} \tag{32}$$

mit

$$\Xi^t = \left\{ \xi \in R^n \;\middle|\; \xi_i \in \left[\underline{\xi}_i^t, \bar{\xi}_i^t \right], \ i=1,\dots,n \right\}.$$

Die Aufgabe (32) besitzt zwei wesentliche Unzulänglichkeiten. Die erste besteht darin, daß (32) keine Lösung haben kann. Der zweite Nachteil ist mit folgendem Umstand verbunden. Gilt $y^t \in Y^*$ und $p^t \in P^*$ und sind ξ^t und λ^t die Primal- und Duallösungen von (32), kann die Desaggregation mit Hilfe der Kennziffern ξ^t und λ^t sowie der üblichen Formeln (27) und (30) zu einem nichtoptimalen Plan und zu nichtoptimalen Preisen führen. Das stellt von vornherein die Zweckmäßigkeit des Übergangs von der Aufgabe (2) zum aggregierten Modell (32) in Frage. Diese Mängel können jedoch durch folgende Modifikation der Aufgabe (32) beseitigt werden.

Die Lösung von (32) ist mit der Bestimmung eines Sattelpunktes der Lagrange-Funktion

$$L_A^t(\xi,\lambda) = \sum_{i=1}^{n} y_{oi}^t \xi_i + \sum_{l=1}^{L} \lambda_l \sum_{k \in M_l} p_k^t (\sum_{i=1}^{n} y_{ki}^t \xi_i)$$

auf der Menge $\Xi^t \times R_+^L$ äquivalent. Da bei $y^t \in Y^*$ und $p^t \in P^*$ das Paar $\xi^t = (1,\dots,1)$ und $\lambda^t = (1,\dots,1)$ ein Sattelpunkt von $L_A^t(\xi,\lambda)$ ist, wird die Funktion $L_A^t(\xi,\lambda)$ auf folgende Weise abgeändert

$$\bar{L}_A^t(\xi,\lambda) = L_A^t(\xi,\lambda) - \frac{1}{2}\sum_{i=1}^{n} R_i (\xi_i - 1)^2 + \frac{1}{2}\sum_{l=1}^{L} r_l (\lambda_l - 1)^2,$$

wobei R_i und r_l positive Zahlen sind.

Die quadratischen Glieder der Funktion $\bar{L}_A^t(\xi,\lambda)$ garantieren die Existenz eines stabilen Sattelpunktes (ξ^t, λ^t) von $\bar{L}_A^t(\xi,\lambda)$ auf $\Xi^t \times R_+^L$. Außerdem sind das Paar $\xi^t = (1,\dots,1)$ und $\lambda^t = (1,\dots,1)$ bei $y^t \in Y^*$, $p^t \in P^*$ der einzige Sattelpunkt von $\bar{L}_A^t(\xi,\lambda)$. Die Desaggregation mit Hilfe der Lösungen ξ^t und λ^t führt in diesem Fall also wieder zu den optimalen Vektoren y^t und p^t.

Nachdem die Zentrale den Sattelpunkt (ξ^t, λ^t) der Funktion $\bar{L}_A^t(\xi,\lambda)$ bestimmt hat, stellt sie über die Desaggregation von ξ^t und λ^t wie früher neue Pläne und Preise auf:

$$\bar{y}_i^{t+1} = y_i^t \xi_i^t \quad (i=1,\dots,n) \tag{33}$$

$$\bar{p}_k^{t+1} = \lambda_l^t p_k^t \quad (k \in M_l,\ l=1,\dots,L). \tag{34}$$

Da (ξ^t, λ^t) ein Sattelpunkt der Funktion $\bar{L}_A^t(\xi,\lambda)$ auf $\Xi^t \times R_+^L$ ist, genügen die Vektoren ξ^t und λ^t den Bedingungen

$$\bar{L}_A^t(\xi^t,\lambda^t) = \max_{\xi \in \Xi^t} \bar{L}_A^t(\xi,\lambda^t) = \min_{\lambda \geqq 0} \bar{L}_A^t(\xi^t,\lambda).$$

Aus diesen Beziehungen folgt unter Berücksichtigung von (33) und (34), daß

$$\xi_i^t = \max\left\{ \underline{\xi}_i^t ; \min\left\{ \bar{\xi}_i^t ; \tilde{\xi}_i^t \right\}\right\} \quad (i=1,\ldots,n),$$

$$\lambda_l^t = \max\left\{ 0; \tilde{\lambda}_l^t \right\} \quad (l=1,\ldots,L),$$

wobei

$$\tilde{\xi}_i^t = 1 + \frac{1}{R_i} \left(y_{oi}^t + \sum_{k=1}^{m} \bar{p}_k^{t+1} y_{ki}^t \right) (i=1,\ldots,n), \qquad (35)$$

$$\tilde{\lambda}_l^t = 1 - \frac{1}{r_l} \sum_{k \in M_l} p_k^t \left(\sum_{i=1}^{n} \bar{y}_{ki}^{t+1} \right) \quad (l=1,\ldots,L). \qquad (36)$$

Somit können die Formeln (33) und (34) auch noch anders interpretiert werden. Gemäß (35) wird der Plan der Einheit i proportional zur Gewinnerwartung bei den Preisen $\bar{p}^{t+1}$ korrigiert. Die Beziehung (36) bringt zum Ausdruck, daß die Preise der Gruppe l in Abhängigkeit von der Abweichung der Produktion des aggregierten Produktes von seinem Verbrauch beim Plan $\bar{y}^{t+1}$ verändert werden. Wenn $\tilde{\lambda}_l^t \geq 0$, kann man die Formeln (34) und (36) vereinen:

$$\bar{p}_k^{t+1} = p_k^t - \left(\frac{1}{r_l} q_l^t\right) p_k^t, \; k \in M_l ,$$

wobei mit q_l^t das in Geldeinheit ausgedrückte Überangebot des aggregierten Produktes l beim Plan $\bar{y}^{t+1}$ bezeichnet wird, d.h.

$$q_l^t = \sum_{i=1}^{n} \sum_{k \in M_l} p_k^t \bar{y}_{ki}^{t+1} .$$

Nach Ermittlung der aggregierten Kennziffern sind wie zuvor noch Korrekturen der detaillierten Größen notwendig, die zu Veränderungen der Proportionen innerhalb der Aggregate führen. Dabei kann man folgende Formeln verwenden (vgl. Punkt 4 des Abschnitts 3.4.):

$$u_{ki}^{t+1} = \bar{y}_{ki}^{t+1} - d_{ki} \sum_{j=1}^{n} \bar{y}_{kj}^{t+1} \quad (k=1,\ldots,m, \; i=1,\ldots,n),$$

$$p_k^{t+1} = \left[\bar{p}_k^{t+1} - \beta^t \sum_{i=1}^{n} \bar{y}_{ki}^{t+1} \right]_+ \quad (k=1,\ldots,m).$$

Die Kennziffern u_i^{t+1} und p^{t+1} werden den Wirtschaftseinheiten zu Beginn der nächsten Iteration übermittelt.

4.4. Prozeß der iterativen Aggregation der Verflechtungsbilanz

Die ersten Untersuchungen von Prozessen der iterativen Aggregation wurden mit Hilfe von Verflechtungsbilanzen durchgeführt. Da Verflechtungsbilanzen als Gleichungssysteme gegenüber Optimierungsaufgaben unproblematischer sind, stieß auch die mathematische Erforschung von Prozessen ihrer iterativen Aggregation auf weit weniger Schwierigkeiten. Die dabei erhaltenen Resultate sind aber ausschließlich für Wertbilanzen gültig, die ja eigentlich selbst schon aggregierte Verflechtungsbilanzen darstellen. Das Problem besteht jedoch in der iterativen Verknüpfung von aggregierten Wertbilanzen mit detaillierten Naturalbilanzen, die datenmäßig nicht unmittelbar bewältigt und mit den vorhandenen Rechenkapazitäten nicht direkt gelöst werden können.

Gegeben sei das Gleichungssystem der Naturalbilanz

$$x_i = \sum_{k=1}^{m} a_{ik} x_k + y_i \quad (i=1,\ldots,m). \tag{37}$$

Dabei bedeuten:

x_i - Bruttoproduktion von i (in Naturaleinheiten),

y_i - Endprodukt,

a_{ik} - Koeffizienten des Materialverbrauchs.

In (37) ist die Zahl der Wirtschaftseinheiten n mit der Zahl der Produkte m identisch; jede Einheit produziert nur ein bestimmtes Produkt. Der nichtnegative Vektor $y = (y_1, \ldots, y_n)$ sei vorgegeben. Mit x^* wird die Lösung von (37) bezeichnet. Der Naturalbilanz (37) entspricht folgendes Gleichungssystem zur Bestimmung von Wertpreisen:

$$p_k = \sum_{i=1}^{m} p_i \, a_{ik} + q_k \quad (k=1,\ldots, m). \tag{38}$$

Dabei bedeuten:

p_k - Preis des Produktes k,

q_k - direkter Aufwand an abstrakter einfacher Arbeit je Einheit des Produktes k.[40]

Die Lösung des Gleichungssystems (38) wird mit p^* bezeichnet.

Wegen der äußerst großen Zahl der in einer Volkswirtschaft erzeugten Güter und des riesigen Umfangs an notwendigen Daten ist die Bestimmung des bilanzierten Plans x^* und der Wertpreise p^* praktisch nur mit Hilfe eines iterativen Planungsprozesses möglich. Deshalb werden bestimmte Produkte k zu einer Gruppe oder zu einem Zweig l zusammengefaßt (vgl. Abschnitt 4.2.). Wenn $k \in M_l$, gehört das Produkt k dem Zweig l an. Mit Hilfe der Preise $p^t \geqq 0$ werden die Produkte der einzelnen Zweige aggregiert und man erhält folgendes Gleichungssystem:

$$\sum_{i \in M_l} p_i^t x_i = \sum_{i \in M_l} \sum_{k=1}^{m} p_i^t a_{ik} x_k + \sum_{i \in M_l} p_i^t y_i \quad (l=1,\ldots, L). \tag{39}$$

Wenn man wie früher die Proportionen innerhalb eines jeden Zweiges für den Plan $x^t \geqq 0$ festhält und somit die Outputs

$$x_i = x_i^t \xi_l, \quad i \in M_l\,; \; \xi_l \geqq 0 \quad (l=1,\ldots, L)$$

betrachtet, nimmt (39) folgende Form an:

$$\tilde{x}_l^t \xi_l = \sum_{r=1}^{L} \tilde{x}_{lr}^t \xi_r + \tilde{y}_l^t \quad (l=1,\ldots, L). \tag{40}$$

Dabei bedeuten:

$\tilde{x}_l^t = \sum_{i \in M_l} p_i^t x_i^t$ - Bruttoproduktion des Zweiges l,

$\tilde{x}_{lr}^t = \sum_{i \in M_l} \sum_{k \in M_r} p_i^t a_{ik} x_k^t$ - Materialstrom von Zweig l zum Zweig r,

$\tilde{y}_l^t = \sum_{i \in M_l} p_i^t y_i$ - Endprodukt des Zweiges l.

Ebenso kann (38) mit Hilfe des Planes x^t aggregiert werden. Wenn man danach die Proportionen zwischen den Preisen innerhalb eines Zweiges festhält, erhält man das zu (40) duale Gleichungssystem

$$\lambda_r \tilde{x}_r^t = \sum_{l=1}^{L} \lambda_l \tilde{x}_{lr}^t + \tilde{q}_r^t \quad (r=1,\dots,L). \tag{41}$$

Dabei bedeutet:

$\tilde{q}_r^t = \sum_{k \in M_r} q_k x_k^t$ - gesamter direkter Arbeitsaufwand im Zweig r.

Ist die Bruttoproduktion jedes Zweiges größer als sein gesamter Materialverbrauch, d.h.

$$\tilde{x}_l^t > \sum_{r=1}^{L} \tilde{x}_{rl}^t, \quad l=1,\dots,L,$$

besitzen die Systeme (40) und (41) nichtnegative Lösungen.

Ausgehend von (40) und (41) kann folgender Prozeß der iterativen Aggregation aufgestellt werden. Das zentrale Planungsorgan ermittelt die Lösungen ξ^t und λ^t der aggregierten Verflechtungsbilanzen (40) und (41). Die Kennziffern ξ_l^t und λ_l^t werden den entsprechenden Zweigen mitgeteilt. Sie geben an, um wieviel Mal die Bruttoproduktion und die Wertkennziffern des Zweiges l erhöht oder gesenkt werden müssen. Eine solche Korrektur kann das

Planungsorgan des Zweiges mit Hilfe einer proportionalen Veränderung aller detaillierter Kennziffern durchführen:

$$\bar{x}_i^{t+1} = x_i^t \, \xi_l^t, \quad \bar{p}_i^{t+1} = \lambda_l^t \, p_i^t \quad (i \in M_l, \; l=1,\dots,L). \tag{42}$$

Der Plan $\bar{x}^{t+1}$ ist in aggregierter Form bilanziert, da gemäß (40)

$$\lambda_l^t \, \tilde{x}_l^t \, \xi_l^t = \sum_{r=1}^{L} \lambda_l^t \, \tilde{x}_{lr}^t \, \xi_r^t + \lambda_l^t \, \tilde{y}_l^t \quad (l=1,\dots,L),$$

d. h.

$$\sum_{i \in M_l} \bar{p}_i^{t+1} \, \bar{x}_i^{t+1} = \sum_{r=1}^{L} \sum_{i \in M_l} \sum_{k \in M_r} \bar{p}_i^{t+1} \, a_{ik} \, \bar{x}^{t+1}$$

$$+ \sum_{i \in M_l} \bar{p}_i^{t+1} \, y_i \quad (l=1,\dots,L).$$

Analog erhält man aus (41) das Gleichungssystem

$$\sum_{k \in M_r} \bar{p}_k^{t+1} \, \bar{x}_k^{t+1} = \sum_{l=1}^{L} \sum_{i \in M_l} \sum_{k \in M_r} \bar{p}_i^{t+1} \, a_{ik} \, \bar{x}_k^{t+1}$$

$$+ \sum_{k \in M_r} q_k \, \bar{x}_k^{t+1} \quad (r=1,\dots,L),$$

das die Ausgeglichenheit der Preise $\bar{p}^{t+1}$ in aggregierter Form anzeigt.

Für die detaillierten Kennziffern können jedoch Unausgeglichenheiten bestehen. Um diese zu vermindern, übermittelt das Planorgan des Zweiges l der Einheit $i \in M_l$ die Planauflage $\bar{x}_i^{t+1}$. Danach bestimmt i, welche Materialmengen zur Erfüllung des Planes $\bar{x}_i^{t+1}$ benötigt werden:

$$x_{ki}^{t+1} = a_{ki} \, \bar{x}_i^{t+1} \quad (k=1,\dots,m). \tag{43}$$

Der Materialverbrauch x_{ki}^{t+1} aller Einheiten wird dem Hersteller des Produktes k mitgeteilt. Dieser ergänzt die Materialanforderungen um y_k und erhält somit die zur Sicherung der Reproduktion und des Endbedarfs notwendige Bruttoproduktion:

$$x_k^{t+1} = \sum_{i=1}^{m} x_{ki}^{t+1} + y_k. \qquad (44)$$

Mit Hilfe der Planvorschläge x_k^{t+1} und der Preise

$$p_k^{t+1} = \sum_{i=1}^{m} \bar{p}_i^{t+1} a_{ik} + q_k,$$

ermittelt der Zweig die Kennziffern

$$\tilde{x}_l^{t+1} = \sum_{i \in M_l} p_i^{t+1} x_i^{t+1}, \quad \tilde{x}_{lr}^{t+1} = \sum_{i \in M_l} \sum_{k \in M_r} p_i^{t+1} a_{ik} x_k^{t+1},$$

$$\tilde{y}_l^{t+1} = \sum_{i \in M_l} p_i^{t+1} y_i, \quad \tilde{q}_l^{t+1} = \sum_{i \in M_l} q_i x_i^{t+1}$$

und übergibt diese dem zentralen Planungsorgan. Letzteres löst wieder die Aufgaben (40) und (41) usw.

Der geschilderte Planungsprozeß unterscheidet sich wesentlich von den früher betrachteten. Erstmals treten horizontale Informationsströme auf (Preisinformationen zwischen den Zweigen und Informationen über den Materialverbrauch zwischen den Wirtschaftseinheiten). Am Planungsprozeß nehmen drei Ebenen teil: das zentrale Planungsorgan, die Zweige und die Wirtschaftseinheiten. Dabei werden im Unterschied zu den in den Abschnitten 4.1. bis 4.3. dargelegten Prozessen zentral nur aggregierte Größen bestimmt, deren Desaggregation auf den unteren Ebenen vorgenommen wird. Die Möglichkeit einer solchen Organisation des Planungsprozesses resultiert daraus, daß, wie schon betont wurde, die Verflechtungsbilanzen mathematisch gesehen unproblematischer sind als Optimierungsaufgaben. Wenn z.B. $x^t = x^*$ und $p^t = p^*$, gilt für die aggregierten Verflechtungsbilanzen (40) und (41)

$$\xi_1^t = \lambda_1^t = 1 \quad (l=1,\ldots,L).$$

Die Desaggregation führt also wieder zum bilanzierten Plan x^* und zu den abgestimmten Preisen p^*. Diese Eigenschaft konnte für Optimierungsaufgaben nur durch eine Modifikation der aggregierten Aufgabe erreicht werden.

Oft besteht kein linearer Zusammenhang zwischen der Bruttoproduktion und dem Materialverbrauch. Auch in diesem Fall kann der oben dargelegte Prozeß mit kleinen Veränderungen angewandt werden. Anstelle von (43) wird x_{ki}^{t+1} als Funktion von $\bar{x}_i^{t+1}$ betrachtet:

$$x_{ki}^{t+1} = f_{ki}\,(\bar{x}_i^{t+1}) \quad (k=1,\ldots,m).$$

Die dem Planungsorgan des Zweiges mitzuteilenden Materialaufwandskoeffizienten $a_{ki}^{t+1} = x_{ki}^{t+1} / \bar{x}_i^{t+1}$ können sich somit im Verlaufe des Prozesses verändern.

Hervorzuheben ist die wechselseitige Verknüpfung der Planung von Natural- und Wertkennziffern im Prozeß der iterativen Aggregation der Verflechtungsbilanz. Auf den ersten Blick scheint es, daß die Naturalbilanz (37) unter Ausschluß von Preisen durch Inversion oder mit Hilfe anderer Methoden direkt gelöst werden kann. Wegen der großen Zahl der Produkte kann (37) datenmäßig und rechnerisch jedoch nicht von einer Zentrale allein bewältigt werden. Bei einer derartigen Herangehensweise wird außerdem die wechselseitige Verbindung zwischen der zentralen Planung und der eigenverantwortlichen Planungstätigkeit der Wirtschaftseinheiten ignoriert. Der Prozeß der iterativen Aggregation von Verflechtungsbilanzen ist ein Beispiel für die wechselseitige Verknüpfung von Naturalkennziffern und Preisen im Planungsprozeß. Folglich ist die isolierte Bestimmung von naturalen Plankennziffern unter Ausschluß eines Mechanismus der Preisbildung sogar für ein so einfaches Problem wie die Verflechtungsbilanz nicht möglich.

5. Schlußbemerkungen

Nach der Darlegung verschiedener Modelle der Mehrebenenplanung soll hier noch kurz auf einige Aspekte eingegangen werden, die in unmittelbarer Beziehung zu den vorangegangenen Untersuchungen stehen. Dabei wird auf bestimmte Probleme aufmerksam gemacht, die ausführlicherer theoretischer Untersuchungen bedürfen und deren Lösung eine wichtige Voraussetzung für die weitere Vervollkommnung des Systems der Leitung, Planung und ökonomischen Stimulierung darstellt.

5.1. Vertikale und horizontale Plankoordinierung

Ein wichtiges Problem, dem bei der Konstruktion von Modellen der Mehrebenenplanung bisher wenig Aufmerksamkeit geschenkt wurde, ist die Verknüpfung vertikaler und horizontaler Prozesse der Plankoordinierung. In den vorangegangenen Abschnitten wurden außer im Abschnitt 4.4. nur Modelle der vertikalen Plankoordinierung behandelt, in denen die zentralen Plankennziffern entsprechend dem Ziel einer umfassenden Plankoordinierung immer in detaillierter Form aufgestellt wurden. Beim iterativen Aggregationsprozeß der Verflechtungsbilanz traten erstmalig horizontale Verbindungen zwischen den Einheiten auf; vom zentralen Planungsorgan wurden nur noch aggregierte Kennziffern ermittelt.

Die realen Material- und Produktenströme verlaufen in der Wirtschaft zum großen Teil horizontal. Sie wickeln sich zwischen den Wirtschaftseinheiten ab.

Auch die dabei entstehenden Äquivalenzbeziehungen zwischen den Gütern betreffen primär hauptsächlich Betriebe und Kombinate. Deshalb spielen horizontale Prozesse der Plankoordinierung bei der Aufstellung bilanzierter Pläne eine große Rolle. Sie eröffnen weite Möglichkeiten zur Abstimmung der betrieblichen Interessen sowie zur Einbeziehung einer Vielzahl konkreter Informationen.

Die Notwendigkeit der horizontalen Plankoordinierung folgt auch daraus, daß praktisch nur eine begrenzte Zahl aller Naturalkennziffern zentral geplant werden kann.[41] Die Ausgewogenheit aller übrigen Positionen muß also durch direkte Kontakte zwischen den Wirtschaftseinheiten herbeigeführt werden. Dieser Bereich bedarf daher einer wesentlichen Weiterentwicklung und Vervollkommnung.

Es soll jetzt ein Modell der horizontalen Plankoordinierung beschrieben werden. Nach einigen Iterationen des in Abschnitt 3.4. beschriebenen Prozesses sind der Plan u und die Preise p aufgestellt worden. Ausgehend davon schließen die Einheiten untereinander Wirtschaftsverträge zu den Preisen p ab, die mit dem Plan u übereinstimmen. In den Verträgen wird festgelegt, daß bei Nichteinhaltung des Vertrages (d.h. bei $y_{ki} < u_{ki}$) die Strafe $\lambda_{ki}(y_{ki} - u_{ki}, p_k)$ gezahlt werden muß. Wenn die im Vertrag vereinbarte Größe überboten wird ($y_{ki} > u_{ki}$), hofft die Einheit i, die überflüssige Menge zu einem etwas niedrigeren Preis abzusetzen. Somit nimmt die Gewinnfunktion von i wiederum die Form $G_i(y_i, u_i, p)$ an (vgl. Punkt 2 des Abschnittes 3.4.).

Ausgehend davon, daß die Einheiten an der Maximierung ihres Gewinns interessiert sind, bestimmen sie die Pläne

$$\bar{y}_i = \arg\max_{y_i \in Y_i} G_i(y_i, u_i, p) \quad (i=1,\dots,n).$$

Bei $u \notin U^*$ ist der Plan $\bar{y}$ nicht bilanziert, und es wäre vorteilhaft, den Bilanzierungsprozeß fortzusetzen.

Die Einheit i sei Produzent und j Konsument des Produktes k. Beide sind daran interessiert, die Verträge u_{ki} und u_{kj} so zu verändern, daß die Strafen vermindert werden. Nimmt man an, daß i die Lieferung u_{ki} um s Einheiten erhöht oder senkt (je nach dem Vorzeichen von s): $u'_{ki} = u_{ki} + s$, verwandelt sich entsprechend u_{kj} in $u'_{kj} = u_{kj} - s$, d.h., für den neuen Volkswirtschaftsplan bleibt die Bilanz erhalten. Dabei versucht jede Einheit, die Strafen zu minimieren und somit die Vertragsgrößen u'_{ki} und u'_{kj} an die wünschenswerten Pläne $\bar{y}_{ki}$ und $\bar{y}_{kj}$ anzunähern:

$$s_i = \arg\min_s \lambda_{ki} (\bar{y}_{ki} - (u_{ki} + s), p_k),$$

$$s_j = \arg\min_s \lambda_{kj} (\bar{y}_{kj} - (u_{kj} - s), p_k),$$

d.h. $s_i = \bar{y}_{ki} - u_{ki}$ und $s_j = u_{kj} - \bar{y}_{kj}$. Nur zufällig wird s_i mit s_j übereinstimmen. Andernfalls versuchen die Einheiten, mit Hilfe eines Preiszuschlages oder -abschlages r (je nach dem Vorzeichen von r) die Gleichheit zwischen s_i und s_j herzustellen. Somit wird also für die Menge s ein neuer Preis $p'_k = p_k + r$ eingesetzt. Entsprechend treten zusätzliche Gewinne oder Verluste im Vergleich zum früher vorgesehenen Absatz zu den Preisen p_k auf. Sie betragen $rs = (p'_k - p_k)\, s$ für i und $-rs = (p'_k - p_k\, (-s)$ für die Einheit j. Folglich lösen diese beiden Einheiten die Aufgaben

$$s_i = \arg\min_s \lambda_{ki} (\bar{y}_{ki} - (u_{ki} + s), p_k) - rs,$$

$$s_j = \arg\min_s \lambda_{kj} (\bar{y}_{kj} - (u_{kj} - s), p_k) + rs.$$

Wenn z.B. $r > 0$ und $s > 0$, erzielt i durch die Lieferung von s Einheiten des Produktes k den zusätzlichen Gewinn rs, der von der Strafe $\lambda_{ki} (\bar{y}_{ki} - (u_{ki} + s), p_k)$ abgezogen wird.

Die Größe r kann so gewählt werden, daß $s_i = s_j$ gilt.[42] Ein derartiger Preiszuschlag oder -abschlag führt folglich zur Übereinstimmung der Interessen der Wirtschaftseinheiten i und j. Deshalb schließen sie einen zusätzlichen Vertrag über die Lieferung von s Einheiten des Produktes k (oder über die Verminderung des früheren Vertrags um s Einheiten, wenn s negativ ist) zum Preis $p'_k = p_k + r$ ab. Solche Abkommen können auch zwischen anderen Einheiten herbeigeführt werden. Dabei bilden sich bestimmte Tendenzen bei der Anwendung von Preiszuschlägen und -abschlägen heraus. Diese bestehen darin, daß für einen Teil der Produkte hauptsächlich nur Preiszuschläge verwendet werden, während für andere Produkte Preisabschläge typisch sind. Auf dieser Grundlage kann das zentrale Planungsorgan entsprechende direkte Preiskorrekturen vornehmen.[43] Den horizontalen Planabstimmungen können sich wiederum vertikale Korrekturen der Plankennziffern anschließen usw.

Die Anwendung von Preiszuschlägen und -abschlägen ist in diesem Prozeß nicht mit direkten Preisveränderungen gleichzusetzen. Letztere werden nur vom zentralen Planungsorgan vorgenommen. Preiszuschläge und -abschläge beziehen sich lediglich auf die zusätzliche Menge, um die die Verträge im Rahmen des schon früher Vereinbarten erhöht oder gesenkt werden. Da die zusätzlichen Verträge nur dann zum Abschluß kommen, wenn zwischen den beiden Vertragspartnern völlige Übereinstimmung erreicht wird (d.h., wenn $s_i = s_j$), ist der neue Plan u' wiederum bilanziert. Vertikale und horizontale Plankoordinierung sind deshalb harmonisch aufeinander abgestimmt.

5.2. Optimalitätskriterium und Interessenwiderspiegelung im Planungsprozeß

Das Problem der Zielfunktion der sozialistischen Gesellschaft wurde in den letzten Jahren viel diskutiert.[44] Dabei blieb eine wichtige Frage meist unbeachtet: Welche Beziehung besteht zwischen dem Optimalitätskriterium und dem Planungsprozeß, zwischen der globalen Zielfunktion und dem realen Funktionsmechanismus der sozialistischen Gesellschaft?

Fast alle Methoden der Konstruktion einer Nutzensfunktion u (x) verfolgen das Ziel, mit Hilfe statistischer Angaben eine solche Funktion u (x) aufzustellen, die zur Übereinstimmung mit dem beobachteten Konsumentenverhalten oder mit vorgegebenen Normativen führt. Das ist jedoch nicht mit der Abbildung des realen Bewertungsmechanismus verschiedener Gebrauchswerte gleichzusetzen, der komplizierterer Natur und quantitativ noch fast unerforscht ist. Die Funktion u (x) stellt lediglich eine abstrakte und sehr vereinfachte Form der Erklärung vergangenen Konsumentenverhaltens dar, da der Nutzen (oder die Präferenzen) völlig unabhängig von der Aufwandsseite der Bedürfnisbefriedigung und demnach das Ziel isoliert von den Mitteln seiner Verwirklichung betrachtet wird. Im Nachhinein wird lediglich eine mechanische Vereinigung des Ziels mit den Mitteln in Form von Restriktionen vorgenommen, bei der theoretischen Begründung der Nutzensfunktion geht man jedoch meist vom direkten Vergleich verschiedener Güterzusammenstellungen aus, d.h., die Zielgröße wird isoliert betrachtet. In der Praxis ist aber die Bewertung der Produkte untrennbar und wechselseitig mit den Mitteln ihrer Anschaffung verbunden; es findet ein ständiger Aufwand-Nutzen-Vergleich statt. Nur in dieser dialektischen Verbindung scheint der Begriff Nutzen real zu existieren.

Die gleichen und teils noch größere Vereinfachungen sind bei der Modellierung einer globalen Zielfunktion der sozialistischen Gesellschaft notwendig. Dabei wird die Gesellschaft meist als ungegliedertes Ganzes betrachtet. Die Fragen, wer der Träger der globalen Zielfunktion im realen Funktionsmechanismus der Gesellschaft sein soll und welche Rolle dem Optimalitätskriterium im Planungsprozeß zukommt, bleiben meist unbeantwortet.

In jeder Gesellschaft existiert eine Hierarchie von Zielen und Interessen. Als Elementarzelle können die persönlichen Ziele des Menschen betrachtet werden. Der Zusammenschluß von Individuen zu Kollektiven (zu Betriebskollektiven, sozialen Gruppen u.a.) führt zur Herausbildung von Gruppenzielen. Die Gruppenziele bringen vor allem solche Bedürfnisse zum Ausdruck, die nur durch die Bildung des Kollektivs und über dessen Lebensweise befriedigt werden können. Sie sind also nicht als direkte Absorption der individuellen Interessen zu verstehen.[45] Die Gruppenziele beinhalten in erster Linie solche Aspekte wie die Schaffung bestmöglicher Bedingungen zur Erreichung bestimmter individueller Ziele und die Gestaltung einer effektiven Wirkungsweise der Gruppe. Dabei existieren natürlich enge Wechselbeziehungen zwischen den individuellen und den Gruppenzielen.

Im Modell (2) wird eine globale Zielfunktion als Summe individueller Zielfunktionen maximiert. Das ist lediglich eine notwendige Vereinfachung mathematischer Art. In der Praxis kommt es darauf an, einen solchen Plan aufzustellen, daß der bei bestimmten Preisen auftretende Bevölkerungsbedarf als Ausdruck vielfältiger selbständiger Konsumentenentscheidungen befriedigt wird. Der Bedarf bringt somit bestimmte Zielbestrebungen der untersten Ebene zum Ausdruck. Da die einzelnen Konsumenten in der Regel nicht direkt am Planungsprozeß teilnehmen, muß ihr Verhalten mit Hilfe von Nachfragefunktionen, prognostischer Einschätzungen und Umfragen modelliert werden.

Die Zielstellungen der Betriebe sind sekundärer Natur und der Aufgabe der bestmöglichsten Bedürfnisbefriedigung der Bevölkerung sowie der Verbesserung der Arbeitsbedingungen untergeordnet. In vielen der behandelten Prozesse kommt es über die Zielfunktion der Wirtschaftseinheiten zur gleichzeitigen Gegenüberstellung von Aufwands- und Ergebnisgrößen und somit zu einer direkten Widerspiegelung der Ziel-Mittel-Dialektik.

Die in den vorangegangenen Abschnitten dargelegten Modelle der Mehrebenenplanung bringen sehr überzeugend zum Ausdruck, daß die Form der Zielfunktion der Wirtschaftseinheiten in großem Maße von der gesamten Logik des Mechanismus der Plankoordinierung abhängt. Das lokale Optimalitätskriterium kann also nicht isoliert von der Logik des Prozesses der Mehrebenenplanung betrachtet werden. Das scheint auch für die Praxis zuzutreffen, da die Verhaltensweisen der Betriebe sehr stark durch das Kennziffernsystem und andere Planungsinstrumente beeinflußt werden.

Die Aufgaben des zentralen Planungsorgans sind sehr differenziert, umfangreich und vielfältig. Theoretisch kann man sich vorstellen, daß mit Hilfe einer globalen Zielfunktion oder anderer Instrumente ein unmittelbarer Nutzensvergleich verschiedener Güter in einer Zentrale vorgenommen wird und auf dieser Grundlage entsprechende Planentscheidungen getroffen werden. Praktisch ist ein solches Herangehen jedoch nicht realisierbar. Deshalb konzentriert sich das zentrale Planungsorgan einerseits auf die Verwirklichung globaler Ziele, die nur aus gesamtgesellschaftlicher Sicht wahrgenommen werden können (das betrifft z. B. die Entwicklung einzelner Zweige und Regionen, Maßnahmen auf dem Gebiet des Sozialwesens, der Kultur, der Verteidigung u. a.). Eine seiner weiteren wichtigen Aufgaben besteht andererseits darin, durch die Leitung, Planung und ökonomische Stimulierung solche Rahmenbedingungen für die Realisierung der Ziele der unteren Ebene zu schaffen, daß die daraus folgenden Verhaltensweisen gesamtgesellschaftlichen Zielvorstellungen in optimaler Weise entsprechen. Mit anderen Worten, der Funktionsmechanismus der Wirtschaft ist so zu gestalten, die Produktion so zu planen und zu bilanzieren, daß die bestmögliche Befriedigung der materiellen und kulturellen Bedürfnisse der Bevölkerung erreicht wird. Dabei sind durch die bewußte Herausbildung eines rationalen Konsumentenverhaltens und die Preispolitik Mittel der Einflußnahme auf die Konsumtion gegeben. Eine gesellschaftliche Nutzensfunktion berücksichtigt diese Wechselwirkung zwischen den Aufgaben und den Zielkriterien verschiedener Ebenen nicht. Mit ihrer Hilfe kann lediglich das Zielverhalten der sozialistischen Gesellschaft als ungegliedertem Ganzen mit einem hohen Grad der Abstraktion abgebildet werden.

Abschließend sei bemerkt, daß im Planungsprozeß eigentlich nur die tatsächlichen Reaktionen der Wirtschaftseinheiten in Form von Planvorschlägen oder anderen Kennziffern von Wichtigkeit sind. Deshalb ist es nicht unbedingt notwendig, die Zielfunktionen der verschiedenen Einheiten und Ebenen zu modellieren. Zielfunktionen können nie die tatsächlichen Entscheidungen der Einheiten ersetzen, sie verallgemeinern lediglich ein bestimmtes Zielverhalten und abstrahieren von mehr oder weniger wichtigen Seiten, die aber bei realer Entscheidungsfindung Berücksichtigung finden müssen.

5.3. Das Problem der Preisbildung

"Ohne einen wirksamen und effektiven Mechanismus der planmäßigen Preisbildung und Preisregulierung können keine ernsthaften Erfolge bei der Planung und Leitung der Wirtschaft erreicht werden. Das Preissystem beeinflußt unmittelbar die wichtigsten Wertkennziffern des Volkswirtschaftsplanes, die Kennziffern der Leistungsbewertung der Betriebe und charakterisiert die zwischen- und innerzweiglichen Proportionen."[46] Die weitere Vervollkommnung des Preissystems ist deshalb eine aktuelle Aufgabe der Wirtschaftspolitik. Es kommt darauf an, die potentiellen Vorzüge des Sozialismus auch auf dem Gebiet der Preisbildung in vollem Maße zu realisieren und noch stärker zur kurz- und langfristigen Planung der Preise überzugehen.[47] Zu diesem Thema ist eine umfassende theoretische Diskussion und wissenschaftliche Arbeit notwendig. Hier soll in Verbindung mit den beschriebenen Modellen der Mehrebenenplanung nur auf das Problem der gesellschaftlichen Anerkennung verausgabter individueller Arbeit und geschaffener Gebrauchswerte eingegangen werden.

Die wichtigste Funktion der Preise besteht in der Messung von Aufwands- und Ergebnisgrößen. In der ökonomischen Literatur wird oft der Standpunkt vertreten, daß die Preise mit Hilfe einer bestimmten Formel oder eines komplizierteren mathematischen Apparates bestimmt werden können. Im Mittelpunkt stand deshalb hauptsächlich die Frage, welche der vorgeschlagenen Formeln bei der Preisbildung Anwendung finden soll.[48] Dabei blieb jedoch das äußerst wichtige Problem der Anerkennung der verausgabten individuellen Arbeit und des damit verbundenen gesellschaftlichen Prozesses unberücksichtigt.

Karl Marx betonte stets, daß der Wert ein gesellschaftliches Verhältnis verkörpert und letztlich als solches verstanden werden muß. "Eine Ware gewinnt nur allgemeinen Wertausdruck, weil gleichzeitig alle andren Waren ihren Wert in demselben Äquivalent ausdrücken, und jede neu auftretende Warenart muß das nachmachen. Es kommt damit zum Vorschein, daß die Wertgegenständlichkeit der Waren, weil sie das bloß 'gesellschaftliche Dasein' dieser Dinge ist, auch nur durch ihre allseitige gesellschaftliche Beziehung ausgedrückt werden kann, ihre Wertform daher gesellschaftlich gültige Form sein muß."[49] An anderer Stelle unterstreicht Marx: "Der Wert einer Ware ist zwar bestimmt durch das Quantum der in ihr enthaltenen Arbeit, aber dies Quantum selbst ist gesellschaftlich bestimmt."[50] Das heißt, die Bestimmung des Wertes ist für Marx untrennbar mit dem gesellschaftlichen Prozeß der Anerkennung der verausgabten konkreten Arbeit über die Größe des gesellschaftlich notwendigen Aufwands verbunden. Kennzeichnend für ein solches Verständnis ist z.B. die Marxsche Auffassung von der Reduktion der Arbeit: "Die verschiednen Proportionen, worin verschiedne Arbeitsarten auf einfache

Arbeit als ihre Maßeinheit reduziert sind, werden durch einen gesellschaftlichen Prozeß hinter dem Rücken der Produzenten festgesetzt ..."[51] Tatsächlich sind die Arbeitsarten genauso qualitativ verschiedenartig und unmittelbar nicht meßbar wie z. B. die Gebrauchswerte. Aber ohne direkte Reduktion der Arbeit ist natürlich auch die unmittelbare Berechnung des Wertes und der Preise nicht möglich. Für Marx sind Wert- und Preisformeln Abstraktionen, die nicht mit dem konkreten Mechanismus der Preisbildung identifiziert werden dürfen.

Mit anderen Worten, die Verwandlung konkreter Arbeit in abstrakte, gesellschaftlich notwendige scheint direkt quantitativ nicht faßbar zu sein. Lediglich indirekt, in Form von Reaktionen der Träger der konkreten Arbeit auf das bestehende gesellschaftliche Bewertungsmaß dieser Arbeit, kann das quantitative Maß an verausgabter Arbeit bestimmt und korrigiert werden. Gleiches gilt für den Nutzeffekt verschiedener Güter. Auch er kommt nur indirekt durch den Vergleich zwischen Bedürfnisbefriedigung (Ergebnisgröße) und bestehender gesellschaftlicher Bewertung (Preis als Aufwandsgröße) und der diesem Vergleich entsprechenden Reaktion zum Ausdruck.

In der kapitalistischen Wirtschaft vollzieht sich der Anerkennungsprozeß hauptsächlich spontan über den Markt. Ein entscheidender Vorzug des Sozialismus besteht darin, daß der Prozeß der gesellschaftlichen Anerkennung der konkreten Arbeit über den Plan, d. h. noch bevor die individuelle Arbeit überhaupt verausgabt wurde, organisiert werden kann. Ein erster Schritt in dieser Richtung ist die Anwendung von Preiskalkulationen und Preisverflechtungsbilanzen zur Berechnung von Planpreisen. Dieses Herangehen dient der Abbildung tatsächlicher Verhältnisse, es kann diese jedoch nicht ersetzen. Da alle Ebenen und Einheiten der Volkswirtschaft direkt am Planungsprozeß teilnehmen, sind über den Plan weite Potenzen der Bildung der Preise in ihrer gesellschaftlichen Bestimmtheit und der direkten Beeinflussung der gesellschaftlichen Verhältnisse, die durch Wert und Preis verkörpert werden, gegeben.

Bestimmte Aspekte des Anerkennungsprozesses werden in den behandelten Modellen der Mehrebenenplanung abgebildet. In den einzelnen Abschnitten wurden mit Hilfe verschiedener Modellkonstruktionen die dabei auftretenden konkreten Zusammenhänge untersucht. Besonders ausführlich wurde auf die wechselseitige Verknüpfung der Naturalkennziffern und der Preise im Planungsprozeß als Verkörperung der Wechselbeziehung zwischen gebrauchswertmäßiger und wertmäßiger Planung eingegangen, da diese Wechselbeziehung ein wesentliches Merkmal des Anerkennungsprozesses darstellt. Natürlich sind die dargelegten Modelle der Preisbildung abstrakte Konstruktionen, die in dieser Form praktisch nicht angewendet werden können. Sie verdeutlichen jedoch, mit welchen Problemen der Prozeß der gesellschaftlichen Anerkennung der individuellen Arbeit und der geschaffenen Gebrauchswerte verknüpft ist.

5.4. Das Problem der verbindlichen Plankennziffern

Dieses Problem wird oft einseitig diskutiert, indem man es auf die Frage nach der Zahl und der Art der verbindlichen Plankennziffern reduziert. Es müßten im Rahmen des genannten Problemkreises mindestens folgende Aspekte untersucht werden:

1. Welche Kennziffern sollen für die Einheiten verbindlich sein? Das betrifft sowohl die Zahl als auch die Art der Plankennziffern.
2. Wie werden die verbindlichen Plankennziffern aufgestellt? Auch die beste Kennziffer wird wenig nützen, wenn ihre Bestimmung mit Ungenauigkeit behaftet und nicht genügend fundiert ist.
3. Welche Bedeutung soll diesen Kennziffern im Prozeß der Ausarbeitung und der Verwirklichung des Plans zukommen, d.h., in welchem Maße sind die Einheiten für die Einhaltung der einzelnen verbindlichen Plankennziffern verantwortlich?

Wichtigste Direktivkennziffer und Hauptkriterium für die Leistungsbewertung der Betriebe ist gegenwärtig die Steigerung der Warenproduktion. Die Wirtschaftspraxis zeigt, daß die Erfüllung und Übererfüllung der Kennziffer Warenproduktion durch Maßnahmen erreicht werden kann, die volkswirtschaftlichen Interessen widersprechen (Vergrößerung des Materialaufwandes durch wertmäßig höheren Einsatz von Material und Halbfabrikaten, Sortimentsverschiebungen, übermäßige und ökonomisch uneffektive Produktionsspezialisierung u.a.).[52] Es muß geprüft werden, ob diese negativen Seiten bei veränderten Bedingungen der Anwendung der Kennziffer Warenproduktion ausgeräumt werden können. Sonst müssen andere Kennziffern, wie z.B. das Endprodukt oder das Nettoprodukt, in den Vordergrund gerückt werden.[53]

Ein anderes mögliches Hauptkriterium der Leistungsbewertung ist der Gewinn[54], da er "am umfassendsten die Tätigkeit der Betriebe charakterisiert. Er widerspiegelt sowohl das Produktionsvolumen als auch die Selbstkosten der Erzeugnisse und ihre Qualität. Der Nettogewinn berücksichtigt außerdem noch die Verwendung der Grundfonds (der Gebäude, der Ausrüstungen usw.), die Finanzlage, Besonderheiten der Naturbedingungen, unter denen der Betrieb arbeitet. Kurz, der Nettogewinn ist ein Kriterium der Effektivität der Produktion."[55] Für einige der in dieser Arbeit behandelten Modelle der Mehrebenenplanung spielt der Gewinn bei der Leistungsbewertung der Wirtschaftseinheiten eine wichtige Rolle. Der Vergleich dieser Modelle führte zu der Schlußfolgerung, daß der Gewinn als lokales Optimalitätskriterium nur dann effektiv in den Prozessen der Mehrebenenplanung angewendet werden kann, wenn er vom Grad der Einhaltung der naturalen Planauflagen abhängig gemacht wird (wie das z.B. im Abschnitt 3.4. geschieht).

Die wichtigste Methode zur Ermittlung der konkreten Größen von verbindlichen Plankennziffern ist gegenwärtig die Planung "vom Erreichten". Der neue Plan wird also ausgehend vom Niveau des Vorjahres und bestimmten Wachstumsraten aufgestellt. Ein solches Herangehen führt teilweise dazu, daß die Betriebe ihre Wachstumsmöglichkeiten und bestimmte Reserven der Produktions- und Effektivitätssteigerung nicht voll ausschöpfen. Aus dem folgenden Zitat wird deutlich, zu welchen Folgen die Planung "vom Erreichten" führt: "In allen Betrieben unseres Zweiges wird jedes Jahr die gleiche Verminderung der Arbeitsintensität geplant - acht Prozent. Es ist nicht wichtig, wer was erreicht hat. Setzen wir voraus, daß wir die Arbeitsintensität um vierzig Prozent senkten und alle Möglichkeiten ausschöpften, so bekommen wir trotzdem wieder acht Prozent. Deshalb schöpfen wir besser nicht alle Reserven aus: damit wir sowohl in diesem Jahr verringern können als auch für das nächste Jahr noch etwas übrig haben. Das gleiche gilt für die Materialökonomie. Jährlich wird eine Senkung des Verbrauchs um drei oder vier Prozent (in Abhängigkeit vom Materialtyp, der Marke usw.) geplant. Wir könnten die Zuschneidung so verändern und Abfälle verwenden, um den Materialverbrauch gleich stark zu senken. Das machen wir nicht: im nächsten Jahr werden unabhängig davon wieder drei oder vier Prozent vorgegeben. Deshalb halten wir uns selbst zurück."[56]

Die dargelegten Modelle der Mehrebenenplanung unterscheiden sich wesentlich von der Methode der Planung "vom Erreichten". In den Anfangsplan fließen zwar Informationen über die Erfüllung des Vorjahrplans mit ein, im weiteren paßt sich jedoch der Prozeß den objektiven Produktionsbedingungen des nächsten Jahres an. In den einzelnen Abschnitten wurde gezeigt, wie das in den Modellen konkret verwirklicht wird. Kriterium für die Planausarbeitung ist dabei nicht direkt das im Vorjahr erreichte Produktionsvolumen, sondern die Optimierung eines durch die Zielfunktion vorgegebenen Effektivitätskriteriums.

Und nun zur dritten Frage. In der Praxis ist es nicht selten, daß die verbindlichen Planauflagen nicht sortimentsgerecht erfüllt und einzelne Zielstellungen nicht erreicht werden. Wie kann in diesem Fall die Nichterfüllung zentral vorgegebener Plankennziffern mit dem Direktivcharakter dieser Kennziffern in Übereinstimmung gebracht werden? Im Abschnitt 3 wurde gezeigt, daß direktive und indikative Plankennziffern zwei Pole darstellen, zwischen denen breite Möglichkeiten der Festlegung des Verantwortlichkeitsmaßes für die Erfüllung der Planauflagen vorhanden sind. "Die Bestimmung des Maßes der Stimulierung und der Verantwortlichkeit der lokalen Einheit für die Abweichung von den 'von oben' erhaltenen Plankennziffern ist ein äußerst schwieriges Problem. Das Fehlen jeglicher Verantwortung vor dem übergeordneten Organ kann den Plan in eine Fiktion verwandeln, Disproportionen und andere nicht wünschenswerte Erscheinungen in der Wirtschaft hervorrufen; eine übermäßige Verantwortlichkeit für die Abweichungen von den Plankennziffern führt seinerseits zu einer Reihe negativer Folgen: der Übermittlung nichtobjektiver Informationen über die Produktionsmöglichkeiten des Objekts, zum Verlust der Flexibilität des Systems, zur ungenügend schnellen Reaktion auf sich verändernde Bedingungen ..."[57]

Folglich kommt der konkreten Festlegung des Maßes der Verantwortlichkeit für die Erfüllung der Planauflagen eine große Bedeutung zu. Es scheint deshalb sinnvoll, Abweichungen von den Kennziffern des zentralen Planungsorgans und Nichteinhalten der Vertragspflichten unmittelbar mit entsprechenden Abzügen aus dem Gewinn zu "bestrafen" (vgl. Abschnitt 3.4.). Ein erster Schritt in dieser Richtung ist der am 3. Dezember 1976 in der UdSSR gefaßte Beschluß, den Fonds für materielle Stimulierung in Abhängigkeit von der Einhaltung der Lieferverträge zu bilden. Bei Nichterfüllung der Lieferverpflichtungen in der vertraglich festgelegten Nomenklatur werden auch bei Übererfüllung des Planes der Warenproduktion keine zusätzlichen Zuführungen zum Prämienfonds vorgenommen. Dieser Fonds verringert sich, da vom Volumen der realisierten Produktion die Wertsumme der nichtgelieferten Erzeugnisse abgezogen wird.

Die Entwicklung des demokratischen Zentralismus ist für die weitere Vervollkommnung der Leitung, Planung und ökonomischen Stimulierung von entscheidender Bedeutung. Darauf verwies Erich Honecker in seinem Schlußwort auf der 10. Tagung des Zentralkomitees der SED. Er berichtete darüber, daß zur weiteren Stärkung des demokratischen Zentralismus Vorschläge ausgearbeitet wurden, die darauf abzielen, "die Wirksamkeit der zentralen staatlichen Planung zu erhöhen und sie noch stärker auf die bestimmenden volkswirtschaftlichen Prozesse zu konzentrieren. Sie stützen sich auf die größere gesamtwirtschaftliche Verantwortung der Kombinate, denn ihre Eigenverantwortung wird erhöht und die Papierwirtschaft eingeschränkt."[58]

Das Prinzip des demokratischen Zentralismus ist fest in der ökonomischen Theorie des Sozialismus verankert. Oft wird jedoch sein Wesen in zu allgemeiner Form dargestellt und zu wenig auf konkretere Fragen eingegangen.[59] Die schwierigsten Fragen treten jedoch erst in der Praxis bei der Ausgestaltung des Prinzips des demokratischen Zentralismus zutage. Konkretere theoretische Untersuchungen zu diesem Problemkreis werden deshalb immer notwendiger. Modelle der Mehrebenenplanung können hierbei behilflich sein. Sie bilden zwar viele Seiten des existierenden Planungsmechanismus nicht oder nur skizzenhaft ab, besitzen jedoch einen wesentlichen Vorteil: Verschiedene

Elemente des Planungsprozesses werden in ihrem Systemzusammenhang, d.h. in ihrer logischen Abgestimmtheit und Gesamtheit untersucht. Die Aussagen der einzelnen Abschnitte dürfen deshalb nicht als Forderungen an die Praxis der Planausarbeitung verstanden werden. Sie sollen lediglich Denkanstöße für weitere, auf dem konkreten Erfahrungsschatz der sozialistischen Länder fußende Untersuchungen über die Wechselwirkung zwischen zentraler staatlicher Planung und der eigenverantwortlichen Planungstätigkeit der Betriebe und Kombinate und der damit in Zusammenhang stehenden Probleme der Leistungsbewertung (des lokalen Zielkriteriums), der Preisbildung u.a. liefern.

Anmerkungen

1 Vgl. G.-H. Dantzig/P. Wolfe, Decomposition Prinziple for Linear Programs, in: Operations Research (Baltimore), 1/1960; J. Kornai/ T. Liptak, Planung auf zwei Ebenen, in: Die Anwendung der Mathematik bei ökonomischen Untersuchungen, Berlin 1967, S. 102-127; V. A. Volkonskij, Ispol'zovanie spezial'noj struktury matric dlja rešenija zadač planirovanija, in: Ėkonomika i matematičeskie metody (Moskva), 2/1966, S. 235-248; V. M. Polterovič, Bločnye metody vognutogo programmirovanija i ich ėkonomičeskaja interpretacija, in: Ėkonomika i matematičeskie metody (Moskva), 6/1969, S. 865-876; M. Weitzman, Iterative Multilevel Planning with Production Targets, in: Econometrica (Bristol-Evanston), 1/1970, S. 50-65; K. Beer, Lösung großer linearer Optimierungsaufgaben, Berlin 1977; u. a.

2 Vgl. z. B.: J. Kornai, Mathematische Methoden bei der Planung der ökonomischen Struktur, Berlin 1967, S. 329-365; V. I. Danilov-Daniljan, Zadači bol'šoj razmernosti i iterativnye metody optimal'nogo planirovanija, in: Modeli i algoritmy optimal'nogo planirovanija, Moskva 1966; E. Malinvaud, Decentralized Procedures for Planning, in: Activity Analysis in the Theory of Growth and Planning, hg. von E. Malinvaud, MacMillan 1967, S. 170-210; W. Nothnagel, Ein Beitrag zur Lösung des Koordinierungsproblems zwischen den beiden Ebenen der Entscheidungsvorbereitung innerhalb der Staatlichen Plankommission mit Hilfe eines Näherungsverfahrens der Zwei-Ebenen-Planung, Dissertation A, Hochschule für Ökonomie "Bruno Leuschner", Berlin 1971; L. M. Dudkin, Sistema rasčetov optimal'nogo narodnochozjajstvennogo plana, Moskva 1972; F. Martines Soler/V. I. Černjak, Modelirovanie planovych rasčetov, Moskva 1974.

3 Vgl. W. Telle, Nekotorye processy planirovanija na osnove metoda dekompozicii, in: Matematičeskie metody rešenija ėkonomiceskich zadač, (Moskva), 7/1977, S. 16/17.

4 Vgl. Ch. Nikajdo, Vypuklye structury i matematičeskaja ėkonomika, Abschnitt 12.1, Moskva 1972. - Im Gegensatz zu Nikajdo erweiterte der Autor die Menge Y_i um die Komponente y_{0i}. Um die Darlegung zu vereinfachen, wird außerdem der Begriff der technologischen Menge gleichzeitig für die Konsumenten verwendet.

5 Vgl. E. G. Gol'štejn/N. V. Tretjakov, Modificirovannye funkcii Lagranža, in: Ėkonomika i matematičeskie metody, (Moskva, 3/1974, S. 571.

6 Vgl. z.B.: W.W. Nowoshilow, Messung von Aufwand und Ergebnis, Berlin 1970; H.D. Anders/H. Schilar/K. Schwarz, Zum Bewertungsproblem im Sozialismus, Berlin 1974 (Forschungsberichte des Zentralinstituts für Wirtschaftswissenschaften der Akademie der Wissenschaften der DDR, Nr. 12).

7 Vgl. die unter Anmerkung 1 angegebene Literatur.

8 Vgl. z.B.: K.A. Bagrinovskij, Osnovy soglasovanija planovych rešenij, Moskva 1977.

9 Vgl. ebenda, S. 47-62.

10 Einen Überblick gestattet das Buch von L.S. Lasdon, Optimizacija bol'šich sistem, Moskva 1975.

11 Vgl. A.G. Aganbegjan/K.A. Bagrinovskij/A.G. Granberg, Sistema modelej narodnochozjajstvennogo planirovanija, Moskva 1972; Sistema modelej optimal'nogo planirovanija, hg. von N.P. Fedorenko, Moskva 1975.

12 Vgl. W. Nothnagel, Ein Beitrag zur Lösung des Koordinierungsproblems zwischen den beiden Ebenen der Entscheidungsvorbereitung innerhalb der Staatlichen Plankommission mit Hilfe eines Näherungsverfahrens der Zwei-Ebenen-Planung, Dissertation A, Hochschule für Ökonomie "Bruno Leuschner", Berlin 1971.

13 Vgl. E. Kühn/R. Leißing/W. Salecker, Verlauf und Schwerpunkte des Meinungsaustausches auf der 4. Tagung der Gemeinsamen Kommission der Ökonomen der UdSSR und der DDR, in: Wirtschaftswissenschaft, 11/1978, S. 1361.

14 Autorenkollektiv, Volkswirtschaftsplanung. Lehrbuch, hg. von H.-H. Kinze/H. Knop/E. Seifert, Berlin 1975, S. 108.

15 Ebenda, S. 244.

16 W.I. Lenin, Ursprünglicher Entwurf des Artikels "Die nächsten Aufgaben der Sowjetmacht". Stenografische Niederschrift, in: Werke, Bd. 27, Berlin 1960, S. 197.

17 Vgl. G.-H. Dantzig/P. Wolfe, Decomposition Principle for Linear Programs, in: Operations Research (Baltimore), 1/1960.

18 Vgl. F. Martines Soler/V.I. Černjak, Modelirovanie planovych rasčetov, Moskva 1974, S. 161/162.

19 Vgl. ebenda, S. 159-161.

20 Vgl. ebenda.

21 Vgl. Ceny - instrument narodnochozjajstvennogo planirovanija, in: Planovoe chozjajstvo (Moskva), 8/1973, S. 3-5; G.S. Lisičkin, Plan i rynok, Moskva 1966.

22 Vgl. Iterativnye metody v teorii igr i programmirovanii, hg. von V.Z. Belen'kij/V.A. Volkonskij, Moskva 1974, S. 128/129.

23 Vgl. ebenda, S. 129.

24 Vgl. G. Ouen, Teorija igr, Moskva 1971, S. 52/53.

25 J. Kornai/T. Liptak, Planung auf zwei Ebenen, in: Die Anwendung der Mathematik bei ökonomischen Untersuchungen, Berlin 1967, S. 102-127.

26 Der beschriebene Prozeß kann auf eine allgemeinere Methode der Lösung von Optimierungsaufgaben zurückgeführt werden: vgl. B.T. Poljak, Odin obščij metod rešenija ekstremal'nych zadač, in: Doklady Akademii nauk SSSR (Moskva), Bd. 174, 1/1967, S. 33-36.

27 Vgl. z.B.: Matematičeskie voprosy postroenija sistemy modelej, Abschnitt 2.2, Novosibirsk 1976.

28 Vgl. Ju.A. Ėnnuste, Principy dekompozicionnogo analiza optimal'nogo planirovanija, Tallin 1976, S. 35-37; I. Mauėr, Štrafnaja konstanta v bločnom programmirovanii, in: Izvestija Akademii nauk Estonskoj SSR (Tallin), 4/1971

29 W. Telle, Processy soglasovanija planov raznych urovnej narodnogo chozjajstva i ich matematiceskoe modelirovanie, Dissertation A, ZÖMI der Akademie der Wissenschaften der UdSSR, Moskva 1977, S. 96.

30 Vgl. ebenda, S. 96-98.

31 Vgl. A. Fiakko/G. Mak-Kormik, Nelinejnoe programmirovanie. Metody posledovatel'noj minimizacii, Moskva 1972, S. 128-130.

32 Einen Überblick über die Literatur auf diesem Gebiet enthält der Artikel: E.G. Gol'štejn/N.V. Tretjakov, Modificirovannye funkcii Lagranža, in: Ėkonomika i matematičeskie metody (Moskva), 3/1974, S. 368-591. - Mit dem Ziel der Dekomposition großdimensionierter Aufgaben wurden modifizierte Lagrange-Funktionen erstmals in folgender Arbeit angewendet: A. Charnes/R. Clower/K. Kortanek, Effektiv Control through Coherent Decentralization with Preemtive Goals, in: Econometrica (Bristol-Evanstone), 2/1967, S. 294-320.

33 W. Telle, Processy soglasovanija planov raznych urovnej narodnogo chozjajstva i ich matematičeskoe modelirovanie, Dissertation A, ZÖMI der Akademie der Wissenschaften der UdSSR, Moskva 1977, S. 50-53.

34 Vgl. W. Telle, Bločnoe programmirovanie i modificirovannye funkcii Langranža, in: Mathematische Operationsforschung und Statistik, Series Optimization, 4/1977, S. 455-469.

35 W. Telle, Processy soglasovannija planov raznych urovnej narodnogo chozjajstva i ich matematičeskoe modelirovanie, Dissertation A, ZÖMI der Akademie der Wissenschaften der UdSSR, Abschnitt 1.5, Moskva 1977.

36 Vgl. z.B.: Ju.A. Ėnnuste, Prinzipy dekompozicionnogo analiza optimal'-nogo planirovanija, Tallin 1976, S. 67.

37 Prozesse der iterativen Aggregation wurden vor allem in folgenden Arbeiten untersucht: Vgl. L. M. Dudkin, Sistema rasčetov optimal'nogo narodnochozjajstvennogo plana, Moskva 1972; I. Ja. Vachutinskij/L. M. Dudkin, Algoritm iterativnogo agregirovanija dlja zadač linejnogo programmirovanija, in: Izvestija SO AN SSSR, serija obščestvennych nauk (Novosibirsk), 3/1973; F. Martines Soler/V. I. Černjak, Modelirovanie planovych rasčetov, Moskva 1974.

38 Die Grundidee eines solchen Prozesses wurde erstmals von Ju. N. Gavrillec geäußert. - Vgl. Ju. N. Gavrilec, Problema agregirovanija i optimizacija ėkonomiko-matematičeskich modelej, in: Ėkonomiko-matematičeskie tetradi, Bd. 5, Moskva 1963.

39 Vgl. W. Telle, Nekotorye processy iterativnogo agregirovanija i ich ėkonomičeskaja interpretacija, in: Matematičeskie metody rešenija ėkonomičeskich zadač, Moskva (erscheint 1980). - Die Konvergenz von Prozessen der iterativen Aggregation für Wertverflechtungsbilanzen ohne Einbeziehung eines Mechanismus der Preisbildung wurde z. B. in folgender Arbeit bewiesen: L. A. Chízder, Dokazatel'stvo schodimosti metoda iterativnogo agregirovanija v obščem slučae, in: Issledovanija po matematičeskoj ėkonomii i smežnym voprosam, Moskva 1971.

40 Vgl. I. W. Kotow, Mathematische Methoden in der Ökonomie und politische Ökonomie des Sozialismus, Berlin 1974, S. 123/124.

41 Vgl. N. Drogičinskij, Plan i chozjajstvennyj dogovor, in: Voprosy ėkonomiki (Moskva), 7/1976, S. 39.

42 Vgl. W. Telle, Nekotorye processy planirovanija na osnove metoda dekompozicii, in: Matematičeskie metody rešenija ėkonomičeskich zadač, Bd. 7, Moskva 1977, S. 19.

43 Vgl. ebenda, S. 14.

44 Vgl. z. B.: H.-D. Anders/K. Schwarz, Probleme der Modellierung einer sozialistischen Nutzensfunktion, in: H. D. Anders/H. Schilar/K. Schwarz, Zum Bewertungsproblem im Sozialismus, Berlin 1974, S. 7-86 (Forschungsberichte des Zentralinstituts für Wirtschaftswissenschaften der Akademie der Wissenschaften der DDR, Nr. 12).

45 Vgl. V. E. Šljapentoch, O sootnošenii obščich i individual'nych celevych funkcii, in: Količestvennye metody v social'nych issledovanijach (Materialy soveščanija v Suchumi 17.-20.4.1967), Moskva 1967, S. 110-129.

46 Ceny - instrument narodnochozjajstvennogo planirovanija, in: Planovoe chozjajstvo (Moskva), 8/1973, S. 3.

47 Vgl. z. B. G. Scholl, Probleme der weiteren Qualifizierung der Planung in ihrer Verbindung mit der Leistungsbewertung der Betriebe und der Kombinate sowie der weiteren Vervollkommnung der wirtschaftlichen Rechnungsführung, in: Wirtschaftswissenschaft, 11/1978, S. 1334; E. Kühn/R. Leißing/W. Salecker, Verlauf und Schwerpunkte

des Meinungsaustausches auf der 4. Tagung der Gemeinsamen Kommission der Ökonomen der UdSSR und der DDR, in: Wirtschaftswissenschaft, 11/1978, S. 1362.

48 Vgl. V.S. Nemčinov, Obščestvennaja stojmost' i planovaja cena, Moskva 1971, S. 385-402.

49 K. Marx, Das Kapital, Band 1, in: Karl Marx/Friedrich Engels, Werke, Bd. 23, Berlin 1962, S. 80/81.

50 Ebenda, S. 224.

51 Ebenda, S. 59.

52 Vgl. G. Scholl, Probleme der weiteren Qualifizierung der Planung in ihrer Verbindung mit der Leistungsbewertung der Betriebe und Kombinate sowie der weiteren Vervollkommnung der wirtschaftlichen Rechnungsführung, in: Wirtschaftswissenschaft, 11/1978, S. 1332.

53 Vgl. H. Büchner/M. Düsterwald/P. Hoß/W. Oelschlägel, Wachstum des Endprodukts - wichtiges Leistungskriterium sozialistischen Wirtschaftens, in: Wirtschaftswissenschaft, 10/1978, S. 1168-1178.

54 In letzter Zeit wurde mehrmals gefordert, dem Gewinn, der das Zusammenwirken von Planung und wirtschaftlicher Rechnungsführung wesentlich beeinflußt, eine größere Bedeutung beizumessen. - Vgl. z.B. G. Scholl, Probleme der weiteren Qualifizierung der Planung in ihrer Verbindung mit der Leistungsbewertung der Betriebe und Kombinate sowie der weiteren Vervollkommnung der wirtschaftlichen Rechnungsführung, in: Wirtschaftswissenschaft, 11/1978, S. 1334.

55 B. Bachtamov/P. Bunič, Čtoby vygodno bylo vsem, in: Literaturnaja gazeta, Nr. 31, vom 3. August 1977, S. 10.

56 P. Volin, Kogda vygodnoe - nevygodno, ili nekotorye paradoksy chozjajstvovanij na odnom zavode, in: Literaturnaja gazeta, Nr. 40, vom 6. Oktober 1976, S. 11.

57 A.I. Kacenelinbojgen/I.L. Lachman/Ju.V. Ovsienko, Optimal'nost i tovarno - denežnye otnošenija, Moskva 1969, S. 62.

58 Erich Honecker, Dem 30. Jahrestag der DDR entgegen, in: Neues Deutschland vom 28./29. April 1979, S. 4.

59 Vgl. L.I. Abalkin, Ėkonomičeskaja teorija socialisma: istorija i sovremennost', in: Ėkonomika i organizacija promyšlennogo proizvodstva (Moskva), 5/1977, S. 37.

Bisher erschienene Forschungsberichte

Heft 1

W. Keller/E. Kigyóssy-Schmidt
Hauptkennziffern der wirtschaftlichen Entwicklung der europäischen RGW-Länder 1960—1975

Heft 2

Autorenkollektiv
Zur Modellierung des volkswirtschaftlichen Reproduktionsprozesses

Heft 3

Autorenkollektiv
Probleme der Proportionalität zwischen gesellschaftlichem Arbeitsvermögen und Arbeitsplätzen

Heft 4

Autorenkollektiv
Ungarische Modelle der langfristigen Planung

Heft 5

Autorenkollektiv
Zur Reproduktion des Qualifikationsniveaus der Werktätigen

Heft 6

Autorenkollektiv
Probleme der Intensivierung des gesellschaftlichen Reproduktionsprozesses

Heft 7

A. P. Butenko
Zur Dialektik von Einheit und Interessen im sozialistischen Weltsystem

Heft 8

Autorenkollektiv
Reproduktion der natürlichen Umweltbedingungen

Heft 9

U. Ludwig
Aufwand—Nutzen—Analysen in Forschung und Entwicklung

Heft 10

G. Knobloch
Bedürfnisbefriedigung — Produktionsstruktur — Grundproportionen

Heft 11

Autorenkollektiv
Zur Entwicklung der Verteilungsstrukturen der Investitionen auf die Bereiche und Zweige der Volkswirtschaft

Heft 12

H.-D. Anders/H. Schilar/K. Schwarz
Zum Bewertungsproblem im Sozialismus

Heft 13

Autorenkollektiv
Zur Kritik gegenwärtiger bürgerlicher sozialökonomischer Theorien (Konferenzmaterial)

Heft 14

R. Schaefer/J. Wahse
Bestimmung der zukünftigen Qualifikationsstruktur der Arbeitskräfte mit Hilfe eines Regressionsmodells

Bisher erschienene Forschungsberichte

Heft 30

Autorenkollektiv

60 Jahre politische Ökonomie des Sozialismus

Heft 31

E.-M. Langen

Technisierungsgrad der Arbeit und Qualifikation der Produktionsarbeiter

Heft 32

M. Mehnert/Ch. Pietzsch

Intensivierungsfaktor Materialökonomie

Heft 33

D. Graf

Ökonomische Bewertungen der Naturressourcen im entwickelten Sozialismus

Heft 34

W. Telle

Modelle der Plankoordinierung verschiedener Ebenen und Einheiten der sozialistischen Volkswirtschaft

Bei Fragen zur Produktsicherheit wenden Sie sich bitte an:
If you have any questions regarding product safety, please contact:

Walter de Gruyter GmbH
Genthiner Straße 13
10785 Berlin
productsafety@degruyterbrill.com